AF217425

Es ist Winter in Ravenhagen. Die Bewohner der kleinen Stadt sind schon früh unterwegs, alles wuselt aufgeregt durch die Gassen. Ein Tag wie jeder andere, denkt Jonas Klaasen beim Blick aus dem Fenster. Jonas ist zu schüchtern, zu melancholisch, um in die vorweihnachtliche Begeisterung der anderen einzustimmen. Als er aber vor die Tür tritt, um in die Schule zu gehen, ändert sich alles. Er findet einen Kasten aus Ebenholz, der sich Ebene für Ebene aufklappen lässt: ein Adventskalender. Doch seltsamerweise lassen sich seine Türchen nicht öffnen. Jonas entdeckt, dass die darauf abgebildeten Zahlen und Zeichen Hinweise enthalten – auf Bewohner Ravenhagens, mit deren Hilfe wahre Schätze zum Vorschein kommen. Der magische Adventskalender schickt Jonas auf eine abenteuerliche Reise, an deren Ende er nicht nur viele neue Freunde gewonnen, sondern auch das Geheimnis seiner Familie entschlüsselt haben wird.

›Der magische Adventskalender‹ ist eine Weihnachtsgeschichte, wie nur Jan Brandt sie zu erzählen vermag: mit einer zauberhaften Verbindung zwischen dem Leichten und dem Abgründigen, Fantasie und Wirklichkeit. Daniel Fallers wunderbare Illustrationen ergänzen die Geschichte auf kongeniale Weise.

Jan Brandt, geboren 1974 in Leer (Ostfriesland). Sein Roman ›Gegen die Welt‹ (DuMont 2011) stand auf der Shortlist des Deutschen Buchpreises und wurde mit dem Nicolas-Born-Debütpreis ausgezeichnet. Bei DuMont erschienen außerdem ›Tod in Turin‹ (2015), ›Stadt ohne Engel‹ (2016) und ›Ein Haus auf dem Land/Eine Wohnung in der Stadt‹ (2019).

Daniel Faller, geboren 1973 in Stuttgart, ist diplomierter Illustrator. Ansässig in der Elbmetropole Hamburg arbeitet er seit 2004 in einer Ateliergemeinschaft mitten in der Sternschanze. www.danielfaller.com

Jan Brandt

Der magische Adventskalender

Eine Kindergeschichte
in Zeiten der Kälte

Illustriert von Daniel Faller

DUMONT

1   Jonas macht eine Entdeckung

Über den Dächern von Ravenhagen sprühten die ersten Sonnenstrahlen und tauchten die Stadt in ein weiches, milchiges Licht. Aus den Schornsteinen stieg Rauch in den Morgenhimmel. Die große Glocke des Kirchturms, des Totentäuferturms, schlug zweimal kurz an wie jede Viertelstunde, und ihr Klang hallte durch die engen Gassen bis zum Haus der Klaasens. Jonas achtete nicht auf die Zeit. Er saß in der Küche, vor ihm ein Stutenkerl und ein Glas Milch, neben ihm, in Reichweite, der Teller und das Glas seiner Schwester Sonja. Sie war noch im leeren Zimmer, er hörte ihre Schritte über sich, das Knarzen der Dielen. Jonas blickte aus dem Fenster. Gegenüber zog Herr Brombacher, der Uhrmacher, die Rollläden seines Ladens hoch. Kinder liefen, dick eingepackt, die Schulranzen geschultert, an ihm vorbei. Maik Mirscheidt spuckte im Gehen alle paar Meter vor sich aufs Pflaster. Spange, ein Punkmädchen, blieb vor einem Plakat stehen, auf dem »Die Schiefen Zähne spielen Schiefe Musik« stand. Zwei Lehrer, Herr Semrock und Herr Siemsglüß, beide in dicke Mäntel gehüllt, wiesen Spange auf die Zeit hin und forderten sie auf, weiterzugehen, bevor sie selbst weitergingen und ihr Gespräch fortsetzten. Alle strebten nur einem Ziel zu: der Schule. Jonas würde ihnen bald folgen müssen, wenn er nicht zu spät kommen wollte. Er musste an das Transparent denken, das vorm Rathaus hing: »Ravenhagen – Stadt der Frühaufsteher«. Damit hatte Bürgermeister Burma die Wahl gewonnen, zum wiederholten Mal.

Nachdem Jonas seine Milch getrunken und den Stutenkerl gegessen hatte, sah er sich im Raum um, horchte auf die Geräusche im Haus, der Vater unten in der Werkstatt, die Schwester auf der Treppe, und nahm sich Sonjas Portionen. Wie aus weiter Ferne hörte er den Vater drohend seinen Namen rufen. »Jonas! Wo steckst du denn? Mach dich endlich fertig.« Anstatt ihm zu antworten, wischte er sich mit dem Handrücken über den Mund.

Die Tür flog auf, Sonja stürmte herein und rief: »Er ist hier, Papa!« Als hätten sie Verstecken gespielt; als hätten sie ihn seit Stunden gesucht und endlich gefunden.

Sonja trat einen Schritt auf ihn zu, zum Tisch hin. »Hast du etwa«, sagte sie mit zitternder Stimme, links und rechts an ihm vorbeischauend, »meinen Stutenkerl genommen? Und meine Milch auch?«

Jonas nickte, weil der Vater ihnen verboten hatte, mit vollem Mund zu sprechen.

»Papa!«, rief Sonja, lauter und schriller als vorhin.

Und der Vater rief durch den Flur: »Ich komm ja schon.«

Aber bevor er hereinkam, war Sonja schon bei ihm. »Er hat meinen Stutenkerl genommen. Und meine Milch.« Jonas hörte ihr Weinen bis in die Küche hinein, ein helles Schluchzen, und wie der Vater seufzte und »Schon wieder« sagte, einfach nur »Schon wieder«. Damit war nicht nur die Milch gemeint oder der Stutenkerl, den gab es nur ein Mal im Jahr, sondern sein Verhalten: dass er beim Martinssingen die Süßigkeiten für sich behielt, dass er Mädchen auf dem Schulhof an den Haaren zog und Jungs Pferdeküsse gab, dass er im Unterricht Papierflieger faltete, Gummibänder durch die Gegend schoss, bei jeder Gelegenheit dazwischenrief und im Klassenbuch unter der Rubrik *Betragen* neben seinem Namen Blitze standen, Dutzende Blitze – und keine einzige Sonne, kein einziger Stern.

Während der Vater mit ihm schimpfte und Drohungen ausstieß, die er doch nie wahrmachte, wandte sich Jonas wieder dem Geschehen auf der Straße zu. In seinen Ohren dröhnten die Worte des Vaters, aber sie drangen nicht zu ihm durch, etwas anderes zog ihn in den Bann: Die alte Frau, deren Namen Jonas nicht kannte – manche nannten sie »die Eisnerin«, manche »die Eisige« – und von der er nicht wusste, woher sie kam, huschte am Haus vorbei. Was er wusste, war, dass sie neu war in der Stadt und im vierten Bezirk wohnte, weit weg von allen anderen. In der Schule hieß es, jemand habe sie hierhergeholt, um Ravenhagen von einem großen Übel zu befreien. Aber in der *Goldenen Lerche* hatte Jonas jemanden sagen hören, dass sie selbst das große Übel sei. Jeden Tag ging sie, auf einen Stock gestützt, von Tür zu Tür. Die Kapuze ihres langen schwarzen Mantels hatte sie dabei stets so tief ins Gesicht gezogen, dass wenig mehr als ihre Nase zu sehen war. Und hinter ihr trottete, Jonas betrachtete es jedes Mal mit einem Schaudern, ein Nackthund her. Der Hund war nicht vollkommen nackt, das machte ihn noch schauderhafter: Von seinem Körper standen vereinzelt weiße Haare ab, ein paar auf dem Kopf, ein paar an den Pfoten, ein paar an der Rute, fein und spitz wie Stacheln. Jonas mochte keine Hunde. Einmal hatte ihm ein Schäferhund in die Wange gebissen. Er konnte sich nicht erinnern, wann und wo das geschehen war. Der Vater sagte, es sei auf dem Jahrmarkt gewesen, vor dem Hundetheater. Seitdem hatte er eine Narbe im Gesicht, ein Wundmal.

Kaum waren die alte Frau und der Hund um die eine Ecke verschwunden, kamen von der anderen die Ohlenforsts heran. Walter und Ole Ohlenforst, Vater und Sohn, marschierten im Gleichschritt, die Äxte und Sägen geschultert, Richtung Wald, um Tannen zu schlagen, die ersten Tannen des Jahres. Im Haus gegenüber zog Herr Brombacher unten die Uhren auf. Und oben, ein Stockwerk darüber, ließ Frau Rottenkolber hinter den Fenstern die Gardine zurückfallen. Sie war jung und lebte allein, weshalb manche in Ravenhagen, die Alten vor allem, sie mit »Fräulein Rottenkolber« ansprachen. Und weil

Frau Rottenkolber Tag und Nacht im Erker stand und auf die Straße blickte, nannten Jonas und Sonja sie »Das Auge Gottes«: »Das Auge Gottes sieht alles!« – »Das Auge Gottes weiß alles!« – »Das Auge Gottes tut kein Auge zu!«

»Jonas!« Der Vater rüttelte an seiner Schulter. »Hast du mir überhaupt zugehört? Hast du auch nur ein Wort von dem verstanden, was ich zu dir gesagt habe?« Nein, Jonas hatte nichts gehört und nichts verstanden, außer die eigenen Worte in seinem Kopf. Er erhob sich vom Tisch, und als er über den Flur am leeren Zimmer vorbei ins Bad ging, um sich die Zähne zu putzen, sagte der Vater: »Bis Weihnachten gibt's nichts Süßes mehr!«

Jonas schloss die Badezimmertür hinter sich und rief von drinnen: »Du sagst doch immer: ›Stuten am Morgen vertreibt Kummer und Sorgen.‹«

»Ja«, sagte der Vater aufgebracht. »Und ich habe dir auch gesagt: ›Glück verdoppelt sich, wenn man es teilt.‹«

Als Jonas fünf Minuten später wieder herauskam, seine Sachen aus seinem Zimmer holte und mit Schulranzen und Turnbeutel in den Flur trat, hatte sich der Vater wieder beruhigt. »Jeden Tag das gleiche Theater«, sagte er nur und reichte ihm Schuhe und Anorak, Schal und Mütze. »Wann hört das endlich auf?«

Sonja stand fertig angezogen an der Haustür, hielt eine Marzipankugel in Händen – eine von Kleineidams Königskugeln – und blickte ihn triumphierend an.

Zusammen traten sie auf die Straße.

Kaum hatte der Vater die Haustür hinter ihnen geschlossen, rannte Sonja los. Jonas wollte schon hinter ihr her, da sah er vor sich einen Holzkasten im Rinnstein liegen. Er war dem Nähkästchen, das sie im Küchenspind hatten, recht ähnlich, nur höher und mit mehr Fächern, mehr Ebenen. Und das schwarze Holz glänzte wie die Oberfläche eines Sees, der Paselsee bei

Nacht. Als er den Kasten aufhob, wunderte er sich, wie leicht er war. Erst dachte er, das Ding sei leer, aber bei der kleinsten Bewegung klackerte es innen drin. Und als er die oberste Ebene aufklappte, entdeckte er Griffe und golden schimmernde Intarsien, Türchen mit Zahlen und Bildern. Ein Adventskalender. Wer den wohl verloren haben mochte?

Jonas blickte sich um, Herr Brombacher winkte ihm durch das Schaufenster von der anderen Straßenseite aus zu. Er überlegte, ob er den Kasten bei ihm abgeben und ihn fragen sollte, was es damit auf sich habe. In seinem Laden gab es Spieluhren in gleichermaßen reich verzierten Kästen. Sobald man die Deckel öffnete, tanzten in einigen Ballerinas, in anderen kreisten Karussells, flatterten Vögel mit ihren Flügeln. Herr Brombacher verwahrte sie hinter Glas und präsentierte sie nur auf Nachfrage. Jedes Mal, wenn Jonas die Hand aber danach ausgestreckt hatte, hatte Herr Brombacher gesagt: »Das ist nichts für Kinder«, die Kästen zugeklappt und in die Vitrinen zurückgestellt. Und Jonas fürchtete, dass er mit diesem Kasten genauso verfahren würde, dass er ihn nehmen und wegschließen würde, für alle sichtbar, aber für niemanden zu erreichen.

Also bog Jonas um die Ecke, kauerte sich in den Mauervorsprung und versuchte, das erste Türchen zu öffnen, auf dem ein Haus mit sieben Giebeln abgebildet war – das Haus der Holzfäller, jeder in Ravenhagen kannte es. Doch sosehr er sich auch bemühte, es gelang ihm nicht. Weder Ziehen noch Drücken bewirkte, dass das Holz auch nur einen Millimeter nachgab. Er zog sein Schnitzmesser hervor und schob die Spitze in den winzigen Türspalt. Nichts. Dann versuchte er es bei dem zweiten Türchen. Nichts. Dann bei dem dritten, vierten und fünften. Nichts. Nichts. Nichts.

Die Kirchenglocke schlug zur vollen Stunde. Mit gesenktem Kopf, den Kalender unter die Achsel geklemmt, machte er sich auf den Weg zur Schule. Da hörte er aus dem nahen Wald die Ohlenforsts, wie sie mit ihren Äxten auf die Stämme der Bäume einschlugen. Er hoffte, dass sie ihm helfen könnten, und ging in den Wald hinein. Die Luft war klar und mild. Der Boden, aufgeweicht durch den Regen der vergangenen Tage, verströmte einen würzigen Geruch, nach Erde, Harz und Holz. Je tiefer er in den Wald vordrang, desto lauter wurden die Schläge. Die Holzfäller standen auf einer Lichtung. Während Walter Ohlenforst die großen Tannen bearbeitete, hatte sich Ole die kleinen vorgenommen. Jonas kannte ihn aus der Tischlerwerkstatt seines Vaters, er war bei Klaasen in die Lehre gegangen und hatte Jonas oft aus irgendeiner Truhe oder einem Schrank gezogen, über und über mit Sägespänen bedeckt. Ole hatte ihm gezeigt, wie man Hobel und Beitel verwendete und aus welchen Hölzern man am leichtesten die schönsten Figuren schnitzte. Über seiner Lippe hatte er eine Narbe, ein schmaler Strich, der bis zur Nasenspitze reichte. Jonas hatte bei der ersten Begegnung angenommen, er habe sich beim Tischlern verletzt wie andere Lehrlinge, die an der Kreissäge Finger verloren hatten. Aber dann hatte Ole ihm erklärt, dass es eine Fehlbildung sei, etwas, was er seit seiner Geburt habe, und dass die anderen Jungs ihn deswegen »Lippe« nannten. Und weil auch Jonas oft genug gehänselt wurde, vor allem von Maik Mirscheidt, vor allem seiner roten Haare, seiner Sommersprossen und seiner hellen Haut wegen – und wegen der Narbe in seinem Gesicht –, fühlte er sich Ole verbunden, obwohl fast zehn Jahre zwischen ihnen lagen.

»Hallo Jonas«, sagte Ole und hielt im Schlagen inne. »Was machst du denn hier? Müsstest du nicht in der Schule sein?«

Jonas ging nicht darauf ein. Stattdessen reichte er ihm den Kalender, erklärte, dass er das Türchen nicht aufkriege, und zeigte auf das Bild. »Euer Haus.«

»Ja, tatsächlich, unser Haus.« Ole drehte den Kasten hin und her, ins Licht hinein und aus dem Licht hinaus, und betrachtete die Details, die Fenster, die Risse im Putz, die Dach-schindeln, den Rauch über den sieben Schornsteinen. »Wo hast du den denn her?«

Jonas zuckte mit den Schultern. »Gefunden.«

»Wo?«

»Vorm Haus.«

»Was gibt's denn?« Walter Ohlenforst strich sich über den Oberlippenbart und trat zu den beiden hin. »Ein Nähkasten?«

»Nee.« Jonas schüttelte den Kopf. »Ein Adventskalender.«

»Jonas kriegt das Türchen nicht auf«, sagte Ole. »Es klemmt irgendwie.« Aber als er mit den Fingern über den Kasten strich, öffnete es sich wie von selbst.

»Das gibt's doch nicht«, sagte Walter.

Niemand von ihnen hatte je zuvor etwas Derartiges gesehen. Staunend und ungläubig starrten sie eine volle Minute lang schweigend auf das Türchen, bis sie wieder einen klaren Ge-danken fassen konnten. Dahinter lag ein Stück Schokolade mit einem Buchstaben drauf. Jonas hatte gerade genug Zeit, das M zu erkennen, bevor Ole »Das ist aber nett« sagte und das Stück in drei Teile brach. Das erste gab er seinem Vater. Das zweite steckte er sich selbst in den Mund. Das dritte über-reichte er Jonas – zusammen mit dem Kalender. »Danke«, sag-te er kauend und hieb von Neuem auf eine der Tannen ein.

Die Kirchturmglocke schlug zweimal an. Viertel nach acht. So spät war Jonas noch nie in der Schule erschienen.

Das würde Ärger geben.

2 Besuch beim Schlachter

Als er am nächsten Tag erwachte und das zweite Türchen, auf dem ein Kuhkopf abgebildet war, heute ebenso wenig öffnen konnte wie gestern, wusste er gleich, wen er wohl oder übel um Hilfe bitten musste: Schlachter Herrenschräge. Wohl, weil Hans Herrenschräge ein Freund des Vaters war, er kam oft zu Besuch. Übel, weil dessen Hände imstande waren, alles, was sie anfassten, zu zerquetschen. Der Gedanke lähmte sein Herz. Aber es ging nicht anders. Das Bild war eindeutig. Es führte kein Weg an ihm vorbei. Er musste bloß warten, bis die Schule aus war.

Den ganzen Tag über dachte Jonas an den Kalender. Er fragte sich, wer ihn verloren hatte, was es mit dem M auf sich hatte und welche Sachen hinter den anderen Türchen verborgen sein mochten. Er konnte an nichts anderes mehr denken. Herr Semrock ließ ihn, weil er in den vergangenen Monaten zu oft zu spät zum Sport gekommen war, in der Turnhalle Strafrunden laufen, während seine Mitschüler am Mittelkreis Völkerball spielten. In der großen Pause blieb er abseits, sah Sonja von Weitem seilspringen, mied Maik Mirscheidt, was, da der hinter der Turnhalle heimlich rauchte, nicht allzu schwierig war, beobachtete Spange, das Punkmädchen mit den bunten Haaren, aß das Leberwurstbrot, das der Vater ihm geschmiert hatte, und ließ den Ranzen, in dem sich der Kalender befand, nicht aus den Augen. Geistesabwesend saß er neben den anderen in der Klasse. Jede Frage, die Frau Krawinkel an ihn richtete, musste zweimal gestellt werden, bevor er sie beantwortete. »Wie viel ist sechs mal vier?«, »Wie viel ist sechs mal vier?«, »Was sind natürliche Zahlen?«, »Was sind natürliche Zahlen?«, »Wie lautet der Quotient von acht und vier?«, »Wie lautet der Quotient von acht und vier?«

Auch als sie ihn nach der Stunde fragte, was denn heute mit ihm los sei, dauerte es eine Weile, bis er »Ich hab verschlafen« sagte.

»Verschlafen? Vertrödelt? Oder verträumt? Hast du wieder Löcher in die Luft gestarrt und Dinge gesehen, die es gar nicht gibt?«

Jonas schüttelte den Kopf.

»Anstatt in irgendwelchen Fantasiewelten zu leben, solltest du dich etwas mehr auf die Wirklichkeit konzentrieren, auf das Hier und Jetzt. Jenseits davon ist nichts, außer vielleicht in Büchern. Aber das sind Erfindungen, Einbildungen. Es lohnt nicht, endlos darüber nachzudenken. Das ist bloß Zeitverschwendung.«

»Aber was ist …«, hob Jonas zaghaft an, brach jedoch gleich wieder ab, weil der Gedanke, der in ihm Gestalt angenommen hatte, zu unvorstellbar war, um ihn auszusprechen.

»Aber was ist was?«, fragte Frau Krawinkel. Auch diese Frage musste sie ihm zweimal stellen, bevor sie eine Antwort erhielt. »Aber was ist was, Jonas?«

»Aber was ist, wenn wir selbst in einer Fantasiewelt leben?«

»Das ist genau das, was ich meine. Manchmal hast du nichts als Unsinn im Kopf. Halte dich an die Fakten. An das, was ist. An deine fünf Sinne. Was sind die fünf Sinne?«

»Hören, sehen, riechen, schmecken, fühlen.«

Frau Krawinkel nickte. »Halte dich an die, dann kann nichts passieren.«

Frau Krawinkel war seine Klassenlehrerin, schon etwas älter, aber immer noch ehrgeizig und voller Zuversicht, das Beste aus den ihr anempfohlenen Kindern herauszuholen. Sie kam aus Großgottum, war aber vor Jahren nach Ravenhagen gezogen und unterrichtete hier Mathe und Deutsch – zwei Fächer, die nach Jonas' Meinung nicht zusammenpassten. Zahlen und Buchstaben waren für ihn vollkommen unterschiedliche Zeichensysteme.

Auf dem Nachhauseweg fragte Sonja ihn, warum er seine Bücher in der Hand halte, anstatt sie im Schulranzen auf dem Rücken zu tragen.

»Zum Lesen«, sagte Jonas. »Im Gehen kann ich mir die Sachen besser merken.«

»Aber du liest ja gar nicht.«

»Aber ich könnte, wenn ich wollte. Und dann hab ich sie gleich vor mir.«

»Wo willst du denn hin?«, fragte sie, als Jonas rechts abbog anstatt, wie sonst immer, links. »Hier geht's doch nach Hause.«

»Zum Schlachter«, sagte Jonas. »Papa hat gesagt, ich soll noch Aufschnitt besorgen.«

»Ich komm mit.«

»Das geht nicht.«

»Warum nicht?«

»Weil du Papa sagen musst, dass ich zu spät zum Essen komme, sonst fragt er sich, wo wir bleiben, und macht sich Sorgen.«

»Nie nimmst du mich irgendwohin mit«, sagte Sonja und stapfte, die Unterlippe vorgeschoben, nach Hause.

Jonas wartete, bis sie um die Ecke verschwunden war, dann folgte er ihr. Er nahm nicht den direkten Weg, sondern ging an der Werkstatt des Vaters vorbei zur Schlachterei. Er wollte sehen, ob seine Vermutung, dass man ihn auf Schritt und Tritt beobachte, richtig war. Und tatsächlich: Frau Rottenkolber schaute ihm durch die Gardine nach, Herr Brombacher winkte ihm durchs Schaufenster zu, die alte Frau und ihr Nackthund kreuzten seinen Weg. Alle vier, da war er sich sicher, hatten auf die ein oder andere Weise etwas mit dem Kalender zu tun, er musste nur noch herausfinden, was und wie und warum.

Durch die offenen Oberlichter hörte er Schlachter Herrenschräge ein Lied pfeifen, immerzu pfiff er irgendein Lied, *Der Kuckuck und der Esel, Fuchs, du hast die Gans gestohlen* oder *Ich wollt, ich wär ein Huhn.* Herrenschräge hatte eine tiefe Stimme, schütteres Haar und einen mächtigen Bauch, der sich über seine Hose wölbte, und er war groß, größer als alle, die Jonas kannte. Jeder musste zu ihm aufschauen, nicht nur die Kinder. Früher, als Jonas noch kleiner gewesen war, hatte er, wenn er dicht vor ihm gestanden hatte, von unten nichts als seinen Bauch gesehen. Dann hatte Herrenschräge ihn hochgehoben und auf seine Schultern gesetzt, und so waren sie gemeinsam pfeifend durch die Stadt spaziert. Aber das war lange her, eine Ewigkeit, ein Jahr.

Jonas betrat den kleinen Laden, der zur Schlachterei gehörte. Drinnen war es so kalt wie in einer Kühlkammer. Jonas fröstelte. Er legte die Bücher und Hefte auf die Ablage und rieb sich mit den Händen über die Arme. Über dem Tresen hing auch ein Adventskalender, aber in dem steckte nichts Süßes, sondern Räucherfleisch. Und an der gegenüberliegenden Wand hing ein altes Plakat, das ihm die Kälte in die Knochen trieb: Darauf waren ein Riese abgebildet, der Große Hans – »der größte Mann der Welt« –, und zwei Kellner, die ihm, der eine auf des anderen Schulter stehend, ein Glas Champagner reichten. Vor einem Jahr hatte Jonas zum ersten Mal vor dem Plakat gestanden. Und Herrenschräge hatte ihm die Geschichte von den neun bösen Riesen erzählt, vom Fleischfetzenfresser, Knochenknacker, Menschenpresser, Kinderkauer, Hackepeter, Klumpenwürger, Mädchenmanscher, Blutschlucker und Metzgerhetzer. Mit lauter Stimme hatte er »Riesen sind alle Kanniballer« gesagt, »richtige Totmacher«, und dass Jonas froh und dankbar sein müsse, nur einen einfachen Hühnerhauer, Schweineschneider, Kuhklopfer wie ihn vor sich zu haben. Seitdem spukten Jonas die neun bösen Riesen im Kopf herum.

Mit der Zeit waren sie mit Herrenschräge, dem einzigen Riesen, den er kannte, zu einem Über-Riesen verschmolzen, einem Wesen, das alles überragte, jeder Schritt ein Erdbeben, jeder Atemzug ein Sturm, jeder Furz ein Donnergrollen.

Jonas wischte diese Gedanken beiseite und beschloss, sich an die Fakten zu halten, seinen Sinnen zu vertrauen. Er setzte seinen Ranzen ab und holte den Adventskalender hervor. Dreimal tippte er auf die Tresenklingel. Auf das Läuten hin kam Herrenschräge in den Verkaufsraum, strich seinen blutbespritzten Kittel zurecht, stützte die mächtigen Hände auf die Marmorplatte vor sich und sagte: »Na, junger Mann, was kann ich für dich tun?«

Jonas konnte sich nicht erinnern, wann er das letzte Mal mit ihm gesprochen hatte. In der Stadt ging er ihm aus dem Weg, alle Kinder taten das. Kam er zu Besuch, blieb er auf seinem Zimmer. Und wenn der Vater Jonas mit einem Auftrag losschickte, wenn er also Besorgungen machte, reichte er Herrenschräge den Einkaufszettel und das abgezählte Geld über den Tresen hinweg und nahm schweigend, und ohne ihn anzusehen, die Waren entgegen. Jetzt aber musste er den Kopf heben und mit ihm sprechen und ihn bitten, das Türchen des Tages zu öffnen.

»Ja, also«, er kratzte sich am Hinterkopf, »ich hab den hier gestern vorm Haus gefunden, und ich krieg das Türchen mit dem Kuhkopf nicht auf, und da dachte ich …«

»Das Türchen da?«, unterbrach ihn Herrenschräge und hatte schon die Hand danach ausgestreckt. Kaum hatte er es aber berührt, sprang es auch schon auf, und zum Vorschein kam ein Stück Schokolade – diesmal mit einer Eins drauf. »Merkwürdig«, sagte Herrenschräge, bevor er sich das Stück der Länge nach in den Mund stopfte, »heute haben wir doch den Zweiten.«

3 Die Chorprobe

Am nächsten Morgen hatte Jonas noch immer den Geschmack von Mortadella im Mund. Schlachter Herrenschräge hatte ihm eine aufgerollte Scheibe mit der Gabel über den Tresen gereicht, »Nichts für ungut« gesagt und war wieder nach nebenan gegangen. Jonas hatte noch eine Weile allein im Laden gestanden und geistesabwesend die Auslage betrachtet – verwundert über das Erlebnis. Dann war er mit dem Kalender auf die Straße getreten und am Fluss entlang nach Hause spaziert. »Nichts für ungut.« Der Satz war noch lange in ihm nachgeklungen. Und als er ihm jetzt wieder einfiel, kam es ihm so vor, als hätte Herrenschräge damit nicht etwa um Verzeihung gebeten, weil er die Schokolade gegessen hatte, sondern vielmehr einen Tauschhandel besiegelt, als hätte er ihn nicht mit leerem Magen ziehen lassen wollen.

Der Vater rief zum Frühstück. Sonja polterte die Treppe herunter. Jonas zog den Kalender unterm Bett hervor. Auf dem dritten Türchen waren zwei Hände abgebildet, Daumen und Zeigefinger aufeinandergepresst – eine typische Geste seines Chorleiters Dr. Ingenschmidt. Das konnte doch kein Zufall sein. Wer immer den Kalender vor dem Haus abgelegt hatte, wusste, dass Samstag Chortag war. Wie sonst war das Bild zu erklären?

Jeden Samstag ging Jonas zur Schule, um mit anderen Schülern zu singen. Besonders zur Weihnachtszeit hatte der Schulchor in der Stadt einen Auftritt nach dem anderen, auf dem Weihnachtsmarkt, in der Kirche, an Nikolaus und den Adventssonntagen. Seit Monaten bereiteten sie sich auf diese

Feste vor. Anfangs hatte Jonas voller Begeisterung mitgemacht. Dann hatte er die Lust verloren, weil er das Gefühl hatte, dass ihn der Chorleiter prüfte. In jeder Stunde ließ Dr. Ingenschmidt Jonas nämlich vortreten, spielte auf dem Klavier einen Ton, c1 oder f2, und bat ihn, den nachzusingen. Er machte das mit allen Kindern, er wollte, dass sie den richtigen Ton trafen und ihre Register voll ausschöpften. Aber Jonas kam es so vor, als ob er unter besonderer Beobachtung stünde, wenn Dr. Ingenschmidt zu ihm sagte: »Gerade stehen! Brust raus! Achtung: Das ist ein eingestrichenes F. Und!« Und dann haute er in die Tasten und wackelte mit dem Kopf, dass ihm seine grauen Locken um die Ohren tanzten. Jonas sang aus vollem Hals. Er gab sich alle Mühe. Aber danach rümpfte Dr. Ingenschmidt meist seine große Nase, hob die Hände und sagte: »Ja, etwas höher, bitte!«

Jonas mochte Dr. Ingenschmidt, er wollte ihm gefallen, wollte herausragen aus dem Chor der anderen – und in jeder Korrektur, die Dr. Ingenschmidt an ihm vornahm, meinte er, eine Enttäuschung herauszuhören. Bis vor Kurzem noch hatte Jonas die Lieder zu Hause geübt und war rechtzeitig losgegangen, um im Musiksaal die Liederhefte mit den Notenblättern auf die Sitze zu verteilen, in der Hoffnung, Heiligabend in der Kirche ein Solo singen zu dürfen, *Stille Nacht, heilige Nacht, Am Weihnachtsbaum die Lichter brennen* oder *Es ist ein Ros entsprungen.* Aber nachdem er gemerkt hatte, dass ihn sein Ehrgeiz nicht weiterbrachte, hatte er es sein lassen und wie in der Schule auch beim Chor zu trödeln begonnen.

»Jonas!«, rief der Vater von unten. »Wo bleibst du denn?« Und weil Jonas ihn die Treppe hochkommen hörte und nicht wollte, dass er den Kalender sah, schob er den Kasten unters Bett zurück. Dann warf er die Decke von sich, sprang auf und zog sich hastig um, bevor der Vater ins Zimmer kam. Der Pullover war verkehrt herum, der Gürtel offen, eine Socke auf links gedreht.

Während Sonja wie jeden Samstag zum Ballettunterricht in die Turnhalle ging, schlenderte Jonas Minuten nach ihr über den Schulhof, betrat, den Ranzen mit dem Kalender und den Noten und Texten halb über die Schulter geschlungen, das Schulgebäude und stieg die Treppen zum Musiksaal hinauf. »Stille Nacht, heilige Nacht, alles schläft, einsam wacht«. Von unten hörte er schon die Kinderstimmen, von denen einige, je höher sie hinaufmussten, in ein Krächzen mündeten. »Stopp, stopp, stopp«, sagte Dr. Ingenschmidt und klopfte mit einem Stab gegen den Notenständer. »Eins, zwei, drei, vier!« – »Stille Nacht, heilige Nacht, alles schläft, einsam wacht«. Als Jonas den Raum betrat, verstummten alle, und Dr. Ingenschmidt, der mit schwarzem Jackett und weißer Hose vor ihnen stand, wandte sich zu ihm um. »Wer geht so spät durch Ravenhagen?«, fragte er.

Und der Chor antwortete wie aus einem Mund: »Jonas Klaasen!«

»Tut mir leid, Dr. Ingenschmidt«, sagte Jonas in das Lachen der anderen hinein, stellte seinen Ranzen ab, hängte den Anorak an die Garderobe und nahm das Liederheft hervor. Eben wollte er sich zu den anderen stellen, die im Halbrund auf der Bühne standen, als Dr. Ingenschmidt sagte, dass er ihn diesmal damit nicht davonkommen lasse und ihm einen Brief für seinen Vater mitgeben oder – besser noch – diesen persönlich aufsuchen werde, um mal ein »ernstes Wörtchen« mit ihm zu reden.

Jonas wusste, dass keine Ausrede der Welt ihn davor bewahren konnte, und so tat er das, was er sich erst fürs Ende der Stunde vorgenommen hatte: ihm den Kalender zu zeigen.

»Oh«, sagte Dr. Ingenschmidt, Überraschungen nie abgeneigt, »das ist ja köstlich«, streckte die Hand nach der Drei aus, sagte noch einmal »Oh«, als das Türchen aufging, und noch einmal »das ist ja köstlich«, als er die Schokolade mit dem darin eingeprägten Z in die Hand nahm.

Jonas wäre lieber allein mit ihm gewesen. Die anderen Jungs dachten bestimmt, er wolle sich bei ihm einschleimen. Und Dr. Ingenschmidt war es ganz offensichtlich unangenehm, die Schokolade vor den Kindern zu essen. Abwechselnd schaute er auf das langsam schmelzende Stück zwischen seinen Fingern und in die großen Augen der Kinder, als überlegte er, ob es möglich sei, es so zu teilen, dass alle etwas davon hätten. Doch dann geschah etwas, womit niemand von ihnen gerechnet hatte: Dr. Ingenschmidt steckte die Schokolade in seine Hosentasche und wies Jonas mit einem Nicken seinen Platz zwischen den anderen zu. Schwungvoll hob er den Taktstock, warf den Kopf zurück und sagte: »Eins, zwei, drei, vier!«, während sich an seiner rechten Hüfte allmählich ein brauner Fleck ausbreitete.

Nach der Chorprobe wollten alle Kinder den Kalender in die Hand nehmen. Sie lobten die Verzierungen, waren erstaunt, wie leicht der Kasten war, versuchten, die noch geschlossenen Türchen zu öffnen, und fragten ihn, als das nicht gelang, nach dem Trick.

»Es gibt keinen Trick«, sagte Jonas. »Die gehen erst auf, wenn der Tag gekommen ist.«

»Blödsinn«, sagte einer.

Und ein anderer Junge sagte: »Ich habe auch so einen. Aber meiner ist schöner. In meinem sind Münzen drin, echtes Gold. Dafür kann ich mir alle Schokolade der Welt kaufen.«

Der erste Junge sagte wieder: »Blödsinn.«

Und ein dritter Junge sagte: »Mein Kalender spricht mit mir, der erfüllt mir jeden Wunsch. Ich muss nur sagen, was ich will, und am nächsten Tag ist es da.«

»Und warum hast du dann immer noch diese Piepsstimme?«, fragte der Junge, der bisher immer »Blödsinn« gesagt hatte. »Das wäre das Erste, was ich mir an deiner Stelle wünschen würde, eine Stimmbandoperation.«

»Wenn ich du wäre«, sagte der dritte Junge, »würde ich mir ein neues Gesicht wünschen.«

Während die anderen damit beschäftigt waren, Beleidigungen auszutauschen, gelang es Jonas, ihnen den Kalender unbemerkt aus den Fingern zu ziehen. Auf dem Nachhauseweg ärgerte er sich, Dr. Ingenschmidt nicht vorher oder nachher abgepasst zu haben, im Lehrerzimmer, auf dem Gang, im Treppenhaus. Bald würde die ganze Stadt von dem Kalender wissen. Und irgendjemand würde sicher versuchen, ihn zu stehlen.

4 Eine himmlische Melodie

Der Duft frisch aufgebrühten Kaffees wehte ihm in die Nase, umwölkte seinen Verstand, drang in seine Träume ein, in die verblassende Nacht. Das Letzte, an das Jonas sich erinnern konnte, war, wie er auf eine Nachricht hin in die *Goldene Lerche* geeilt war. Alle Tische waren besetzt und an allen saßen Sonja und der Vater einander gegenüber wie in einem Spiegelkabinett. Und vor ihnen standen Kaffeetassen, Dutzende Kaffeetassen, als hätten sie an einer Verkostung teilgenommen oder an einem Wettbewerb: Eine goldene Kanne für das Paar, das die meisten Tassen in einer Stunde schaffte. Nachdem er sich im Bett aufgesetzt hatte, dachte er: Wie merkwürdig, niemand im Haus trank Kaffee, sie hatten nicht einmal welchen für Gäste da. Und als er dem Geruch nachspürte, war er verschwunden, so wie der Traum verschwunden war. Er ging den Flur entlang, am leeren Zimmer vorbei und stieg die Treppe hinab. Wie erwartet fand er den Vater unten in der Küche mit einer Tasse Tee am Tisch.

»Na«, sagte der Vater, »ausgeschlafen?«, verwundert, dass Jonas so früh schon auf den Beinen war. »Geh und weck deine Schwester. Es ist Zeit.« Nach dem Frühstück wollten sie gemeinsam in die Totentäuferkirche zum Adventsgottesdienst.

Das Erste, was Sonja nach dem Aufwachen sagte, war: »Was ist auf dem Türchen?«

Und da fiel Jonas wieder ein, dass Sonja und der Vater von der Existenz des Kalenders erfahren hatten – die Mitschüler hatten es überall herumerzählt – und er nicht umhingekommen war, ihnen das Wunderwerk zu zeigen. Sonja hatte es als große Ungerechtigkeit empfunden, dass er den Kalender gefunden hatte – und nicht sie, schließlich hatte er ihr den Stutenkerl weggegessen und die Milch weggetrunken. Sie fand es gemein, dass er dafür nun auch noch belohnt wurde. Und der Vater hatte den Kalender gleich in der Werkstatt begutachten wollen – »So ein schönes Stück!«, »Aus Ebenholz!«, »Was für eine perfekte Arbeit!«, »Wer den wohl gemacht hat?« –, weshalb Jonas den Kalender über Nacht bei sich im Schrank versteckt hatte.

Aber jetzt holte er ihn wieder hervor, stellte ihn auf den Frühstückstisch und zeigte auf die Nummer vier.

»Eine Gitarre«, sagte Sonja.

»Oder eine Geige«, sagte Jonas.

»Mach's auf«, sagte der Vater.

Aber als Jonas an dem winzigen Griff zog, passierte nichts, und Sonja und der Vater hatten auch kein Glück.

»Du hast ihn kaputt gemacht«, sagte Sonja.

Aber Jonas sagte: »Nein. Ich glaube, wir müssen dieses Instrument finden oder jemanden, der es spielt.«

Sie ließen den Kalender auf dem Küchentisch stehen, zogen ihre besten Sachen an und folgten dem Glockengeläut Richtung Kirche. Jonas sang im Schulchor. *Ihr Kinderlein kommet, Es ist ein Ros entsprungen, O Tannenbaum.* Aber er sang absichtlich falsch, weil er immer noch darüber verärgert war, Heiligabend kein Solo singen zu dürfen: »Ihr Rinderlein kommet.« – »Ich bin aus Moos entsprungen.« – »O Wannenschaum, o Wannenschaum, wie schön sind deine Berge.«

In den Bänken saß der halbe erste Bezirk, Bürgermeister Burma, Kommissarin Hellborg und Uhrmacher Brombacher in der ersten Reihe, hinter ihnen Optiker Winkelkraut und Doktor Gumbrecht mit ihren Frauen, die Lehrer Semrock, Krawinkel und Siemsglüß, Schlachter Herrenschräge und dahinter Hildegard von Kleef, die Parfümeurin, Hönerlage, der

Wirt, Kleineidam, der Konditor, Frau Menger-Ratsch in einem ihrer schönsten selbstgeschneiderten Kleider, Herr und Frau Niederstrasser, vom Modegeschäft *Niederstrasser,* die »Eisenmeyers«, Frau Besenthal vom *Café Besenthal,* Herr Fahrenholz, der Antiquitätenhändler, und Imker Horvath – ausnahmsweise ohne Bienenschutzschleier, aber im weißen Anzug. Ganz hinten saßen Frau Rottenkolber und die Mirscheidts. Maik gähnte alle paar Minuten. Zwischendrin rutschte er in der Bank hin und her, warf den Kopf zurück oder vergrub ihn auf die Vorderlehne gestützt in seinen Armen. Pastor Büssemeier sprach vom Warten und der Zeit, von der Vorfreude und der vorweihnachtlichen Hektik, vom Getriebensein der Menschen, und ermahnte alle Ravenhagener, geruhsamer und geduldiger zu sein, vor allem heute. »Was ihr backen wollt, das backt, und was ihr kochen wollt, das kocht; was aber übrig ist, das legt beiseite, dass es aufgehoben werde bis zum nächsten Tag.« Doch kaum war die Predigt vorbei und das Orgelspiel verklungen, strebten sie in die umliegenden Geschäfte – heute war verkaufsoffener Sonntag.

Nur die Klaasens blieben wie versteinert vor der Kirche stehen: Vor ihnen standen Rahul und Indira Nadschura mit ihren sechs Kindern. Rahul, letzter lebender Nachkomme eines alten askadonischen Adelsgeschlechtes, dessen richtiger Name Egon Franz Maria von Drautzburg zu Halm-Haiberg nur wenigen bekannt war – Jonas' Vater war einer von ihnen –, beherrschte alle klassischen Streichinstrumente, Cello, Bratsche, Violine, Kontrabass. Auf der Straße aber trat er mit Gitarre auf, mit einer Archtop-Gitarre, deren Schalllöcher Jonas an Notenschlüssel erinnerten, allein, mit seiner Familie oder nur in Begleitung von Indira, einer dunkelhaarigen, dunkeläugigen Varietétänzerin aus Großgottum, die, auch das wusste der Vater, eigentlich Monika Müller hieß, seit ein paar Jahren jeden Winter nach Ravenhagen kam und hier ihre Künste zeigte.

Die sechs Kinder fuhren auf Einrädern um einen Hut voller Geld herum, jonglierten mit Bällen, Kegeln, Ringen, spielten Akkordeon, Mundharmonika, Blockflöte. Naveen, Sunandini, Arundhati, Kalyani, Samik und Anjum. Die Nadschuras.

»Da ist es ja«, sagte Sonja und zeigte auf Rahul. »Das Instrument. Die Gitarre.«

Und Jonas sagte: »Ich hol den Kalender.«

Als er Minuten später zurückkam, hatten die Nadschuras bereits angefangen, ihre Sachen zusammenzupacken. Jonas erklärte ihnen, was es mit dem Kalender auf sich hatte. Rahul streckte seine Hand nach der Vier aus und zog am Griff, doch nichts geschah. Indira versuchte es und auch die Kinder.

»Dann ist es wohl doch nicht das Richtige.« Der Vater legte die Hände um die Schultern von Jonas und Sonja und drängte sie zum Gehen. »Dann müssen wir wohl weitersuchen.«

An der Art, wie der Vater sprach, merkte Jonas, dass er sie nicht ernst nahm. Der Vater hielt das Ganze für ein Märchen, das sie sich ausgedacht hatten, eine Fantasie, nichts weiter.

»In der Werkstatt schaue ich mir das Ding mal genauer an.« Der Vater wies auf den Kalender. »Vielleicht lässt sich die Rückwand abnehmen und das Türchen von innen öffnen.«

»Nein«, sagte Sonja. »Dann machst du ihn bestimmt kaputt. Ich glaube, ich bin jetzt dran, mit dem Kalender zu spielen. Vielleicht muss der alle drei Tage weitergegeben werden.«

Die Klaasens waren schon fast hinter der Kirche verschwunden, da hörten sie Rahul nach ihnen rufen. »Wartet mal!« Er winkte sie zurück und nahm seine Gitarre wieder aus dem Koffer. »Ich hab da eine Idee.« Und dann spielte er die ersten Takte von *Macht hoch die Tür* an, die Kinder stimmten mit ihren Instrumenten ein, und Indira, die sonst nie zu Adventsliedern tanzte, reckte ihre Hände in die Höhe und schwang sich, als kletterte sie an einem unsichtbaren Seil hoch, nach oben, wobei sie tatsächlich für einen Moment über dem Boden

schwebte, drehte sich in der Luft um ihre eigene Achse und vollführte, das eine Bein angewinkelt, Pirouetten, dass Sonja vor Begeisterung in die Hände klatschte. Jonas' Kalender gab ein Klacken von sich, und die Vier schwang, von einem geheimen Mechanismus in Bewegung gesetzt, auf.

»Ah«, sagte Indira, die das Stück Schokolade als Erste sah.

»Ah«, sagten auch die Klaasens. Denn es war ein A, das in die Schokolade eingeprägt war. Indira reichte es Jonas und Sonja, aber der Vater sagte: »Das ist für euch.«

Indira schnitt es mit einem Messer in sechs gleich große Stücke und verteilte sie an ihre Kinder. Dann zog sie ihren Wintermantel an, und Rahul streifte sich seine Handschuhe über.

»Danke für die Schokolade«, sagte Indira mit ihrer tiefen Stimme. »Sonst behalten wir ja nichts für uns.« Sie wies auf den Hut mit dem Geld darin. »Wir spenden alles, was wir verdienen.«

»Und wovon lebt ihr dann?«, fragte der Vater.

»Von der Freude, die wir anderen machen.«

»Davon kann doch niemand leben!«

»Früher habe ich das auch gedacht«, sagte Rahul, während er die Gitarre in den Koffer legte. »Zu unseren Varietézeiten hätte ich mir das auch nicht vorstellen können. Aber dann haben uns die, denen wir unser Geld gegeben haben, zum Essen eingeladen und bei sich schlafen lassen. In jedem Dorf, in das wir kommen, kennen uns die Leute schon, und seitdem haben wir alles im Überfluss.«

»Hawema hat uns doch auch das meiste abgeknöpft«, sagte Indira. »Da blieb kaum etwas übrig.«

»Wer ist Hawema?«, fragte Jonas.

»Das war unser Boss«, sagte Rahul. »Hans-Werner Martens. ›Hawemas fantastische Welt. Neueste Zeitereignisse. Paranormale Phänomene. Brillante Exerzitien. Echte Exoten.‹ Der

Große Hans. León, der Löwenmensch. Hedda, das Riesenkind. Kreaturen und Akrobaten. Äquilibristen, Illusionisten, Bauchredner, Kettensprenger – und wir.«

»Was ist das eigentlich für ein Kalender?«, fragte Indira.

Jonas wollte gerade ansetzen, es ihr zu erklären, aber Sonja kam ihm zuvor und erzählte ihr alles, obwohl sie die Geschichte völlig verdrehte. Bei ihr klang es so, als hätten sie den Kalender gemeinsam gefunden, als hätte sie allein entdeckt, wie er funktionierte: »Der lag bei uns vorm Haus, und jedes Türchen ist ein Rätsel, das wir lösen müssen.«

»Interessant«, sagte Rahul, zog die linke Augenbraue hoch und sah dabei den Vater an. »Sieht aus wie ein Zauberkasten, wie einer von den Zauberkästen des berühmten Alberto Klasini, der Große Klasini.«

»Ach was«, sagte Indira. »Den gibt's doch schon lange nicht mehr, der hat sich doch zur Ruhe gesetzt, ist sesshaft geworden … Zeig mal her.«

Jonas reichte ihr den Kalender, und ihre Kinder scharten sich um sie.

Indira betrachtete ihn aufmerksam. »Wisst ihr, was die Bilder zu bedeuten haben?«

Sonja nickte.

Aber Jonas sagte: »Nicht bei allen.« Vor allem das nächste Türchen, auf dem jemand mit verbundenen Augen und drei Spielkarten abgebildet war – Kreuz-Bube, Herz-Dame, Pik-König –, bereitete ihm Kopfzerbrechen.

»Vielleicht solltest du Smolinski fragen«, sagte Indira.

»Wer ist das denn?«

»Der blinde Spieler. Wir sind früher mal mit ihm aufgetreten.«

Es gab einige Blinde in der Stadt, aber nur einen mit durchscheinenden eisblauen Augen und schwarzen Haaren, dicht wie ein Nachtwald.

»Er sitzt immer in der *Goldenen Lerche.* Im Hinterzimmer.«

»Smolinski?«, fragte Rahul. »Der alte Gauner?«

Indira nickte. »Der kennt sich doch mit Karten aus.«

»Und mit Menschen auch. Passt bloß auf, dass er euch nicht abzieht. Er mag zwar blind sein, aber er sieht mehr als jeder andere.«

5 Jonas setzt alles

Der Vater lud die Nadschuras zu ihnen nach Hause ein. Gemeinsam aßen sie zu Mittag und zu Abend. Die Kinder durften lange aufbleiben. Sie hätten auch nicht schlafen können, Naveen brachte Jonas das Jonglieren bei und Sunandini Sonja das Einradfahren. In der Stube spannten Arundhati und Kalyani ein Seil von einem Stützbalken zum anderen und spazierten darauf mit einer Leichtigkeit hin und her, als hätten sie festen Grund unter den Füßen. Jonas und Sonja dagegen fielen jedes Mal nach dem zweiten Schritt herunter. Trotzdem versuchten sie es wieder und wieder. Und Samik und Anjum zeigten ihnen, wie man auf Händen ging und mit der Fußspitze über den Kopf hinweg die Nase berührte. Erst als der Vater das Sofa ausklappte und Decken und Kissen holte, schickte er sie ins Bett. Noch vor dem Frühstück waren die Künstler verschwunden.

Nach der Schule ging Jonas in die Gastwirtschaft *Zur Goldenen Lerche.* Auf dem ganzen Weg hatte er an den Traum vom Vortag denken müssen, an Sonja und den Vater, an das Spiegelkabinett, aber als er eintrat, roch es nicht nach Kaffee, sondern nach Bier und Kohl und Rauch. In den dunklen Ecken saßen Männer und Frauen vor Gläsern und Tellern. Hönerlage, der Wirt, wischte mit einem Tuch über den Tresen. Über der Theke hing ein Schild: »Wer heute nichts tut, lebt morgen wie gestern.«

»Na, Jonas Klaasen, was machst du denn hier? Gibt's zu Hause nichts zu futtern?« Hönerlage warf sich das Handtuch über die Schulter. »Hat der Zauberer nichts für euch gekocht?«

»Mein Vater ist kein Zauberer.«

»Das war er aber mal. Ein sehr guter sogar. Konnte ganze Welten erschaffen. Und wieder verschwinden lassen.« Hönerlage schnippte mit den Fingern. »Aber irgendwann war's aus und vorbei.«

Jonas kannte die Geschichte, und er glaubte sie nicht, die Geschichte, mit der der Vater Sonja und ihn über den Verlust der Mutter hinwegzutrösten versucht hatte, dass er sie weggezaubert habe, dass sie jetzt in Mirachronia lebe, im Zauberland, im Zwischenreich, und er nur noch nicht den richtigen Trick gefunden habe, sie zurückzuholen.

»Ich hab's ihm schon oft gesagt, aber er will ja nicht auf mich hören, auf mich hört ja keiner, aber bei euch fehlt eine Frau im Haus.«

»Ich suche Smolinski«, sagte Jonas. Er wollte in kein Gespräch verwickelt werden, vor allem nicht über seine Mutter oder Großmutter.

»Oh-ho. Smolinski! Was willst du denn von dem?«

»Ich muss ihn was fragen.«

»Was denn?« Hönerlage trat auf ihn zu und beugte sich zu ihm herab. »Vielleicht kann ich dir ja weiterhelfen.« Jeder in Ravenhagen wusste, wie neugierig Hönerlage war, und jeder versuchte, seinen Fragen standzuhalten. Aber nicht allen, die bei ihm einkehrten und bis spätnachts an seiner Theke sitzen blieben, gelang es.

»Ich glaub nicht. Es geht um Karten.«

»Ich kenne mich auch mit Karten aus.«

»Aber nicht so gut wie er.«

Dagegen konnte Hönerlage nichts mehr sagen, und er wies ihm den Weg ins Hinterzimmer, ein schmaler, rundum vertäfelter Raum mit einem großen runden Tisch in der Mitte. Smolinski saß an die Wand gelehnt da und ließ einen Stapel Karten durch seine Hände flappen.

»Jonas, mein junger Freund«, sagte er. »Was führt dich zu mir?«

Jonas fragte sich, woher er wusste, wer er war. Aber dann dachte er, dass Indira ihn bestimmt informiert habe, nahm eine pinkfarbene Tüte mit der Aufschrift »*Le Nez*« vom Stuhl, setzte sich zu ihm und reichte ihm den Kalender. Smolinski betastete das Holz, klappte ihn auseinander, befühlte die Griffe, Scharniere und Leisten, die Bilder und Zahlen. Keines der Türchen öffnete sich.

»Ein Kalender«, sagte er tonlos. »Was ist damit?«

»Ich krieg das fünfte Türchen nicht auf, und ich dachte, dass Sie mir vielleicht dabei helfen könnten.«

»Wieso?«

»Weil darauf einer mit verbundenen Augen und drei Karten abgebildet ist.«

»Was für Karten?«

»Bube, Dame, König.«

»Welche Farben?«

»Rot und Schwarz.«

Smolinski rollte mit seinen eisblauen Augen. »Ich meine die Zeichen.«

»Kreuz, Herz, Pik.«

»Also gut.« Smolinski stellte den Kalender beiseite, hob den Stapel Karten wieder auf und begann, sie zu mischen. »Lass uns spielen.«

»Welches Spiel?«

»Siebzehn und Vier.« Er warf ihm zwei Karten zu, und Jonas nahm sie auf. Ein Kreuz-Ass und eine Pik-Neun.

»Kennst du die Regeln?«

»Wer mehr als einundzwanzig Punkte auf der Hand hat, hat verloren.« Zu Hause hatten sie immer mit Oma Trudl Karten gespielt, oben in ihrem Zimmer. Mau-Mau. Rommé. Siebzehn und Vier. Oma Trudl. Sie war immer für ihn da gewesen.

Sie hatte ihm alles beigebracht. Jede Regel. Und jeden Kniff. »König zählt vier, Dame drei, Bube zwei. Bei gleicher Punktzahl gewinnt der mit den wenigsten Karten.«

Jonas hatte schon zwanzig Punkte, Smolinski dagegen erst eine gezogen, ein Pik-Ass, das, weil er der Croupier war, offen vor ihm lag.

»Es wird Zeit, den Einsatz festzulegen«, sagte Smolinski. »Was bist du bereit, zu setzen?«

Jonas kramte in seiner Hosentasche und förderte eine Daunenfeder, ein paar Münzen und sein Schnitzmesser zutage. »Drei Mark und zwölf Schillinge.«

»Zu wenig.« Smolinski fuhr sich mit der Zunge über die Lippen.

»Ich habe noch ein Schnitzmesser.« Jonas schob es zum Geld in die Mitte des Tisches.

»Zu wenig.«

»Und eine Feder«, sagte Jonas und ließ sie, als wäre sie ihm selbst ausgefallen, auf das Geld und das Messer herabschweben.

»Zu wenig.«

»Mehr hab ich nicht.«

»Was ist mit dem Kalender?« Smolinski nickte zum Kalender hin, als könnte er ihn sehen.

»Um den spiele ich nicht«, sagte Jonas.

»Tja.« Smolinski lehnte sich zurück. »Dann kommen wir nicht ins Geschäft. Wenn du willst, dass ich dir das Türchen öffne, musst du schon was riskieren. Alles oder nichts.«

Jonas fragte sich, ob es das wert wäre: den Kalender für immer zu verlieren. Andererseits gingen die nächsten Türchen womöglich auch nicht auf, wenn er dieses eine übersprang. Vielleicht sollte er es drauf ankommen lassen und bis morgen warten. Vielleicht aber auch nicht. Vielleicht sollte er etwas riskieren. Und seinem Glück vertrauen.

Während er über all das nachdachte, sah er sich im Raum um. Über Smolinski, zwischen Schwarz-Weiß-Fotos berühmter Gäste, hing leicht nach vorn geneigt ein alter Spiegel mit dunklen Flecken an den Rändern. Und von seiner Position aus, die Augen knapp oberhalb der Tischkante, konnte Jonas direkt auf Smolinskis Hände sehen.

»Na gut«, sagte Jonas. »Lassen Sie uns um den Kalender spielen.«

»Wunderbar«, sagte Smolinski und nahm eine neue Karte, diesmal verdeckt. Eine Herz-Dame. Ein Pik-Ass und eine Herz-Dame: vierzehn Punkte. »Noch eine Karte?«

»Nein, danke«, sagte Jonas und legte seine Karten mit der Vorderseite nach unten auf den Tisch. Er hatte Angst, von Smolinski auf andere Weise durchschaut zu werden. Vielleicht konnte er Gedanken lesen. Deshalb versuchte Jonas, sich auf etwas anderes zu konzentrieren. Auf die Ohlenforsts mit ihren Äxten, auf Herrenschräges Räucherfleischkalender, auf Dr. Ingenschmidts Schokohosenfleck, auf Rahuls Gitarrenspiel und Indiras Tänze. Aber seine Gedanken wanderten immer wieder zu den Karten zurück. Um Smolinski abzulenken, stellte er ihm eine Frage. »Herr Smolinski, wie können Sie eigentlich –, ich meine, woher wissen Sie eigentlich, was auf den Karten drauf ist?«

»Ich kann's fühlen.«

»Sie können es fühlen?« Jonas strich über seine Karten und fühlte nichts. Nichts, was die eine Karte von der anderen unterschied.

»Jede Karte ist anders.«

»Also für mich sind die alle gleich.«

»Du konzentrierst dich zu sehr aufs Äußere. Du musst ins Innere vorstoßen, dich in die Dinge hineinversetzen, dann kannst du's fühlen.«

»Was fühlen?«

»Alles! Jede Feinheit.«

»Können Sie sich auch in Menschen hineinversetzen?«

»Na klar. Menschen sind am einfachsten. Kinder vor allem.« Smolinski wandte sich wieder dem Spiel zu. Er nahm eine weitere Karte vom Stapel – Herz-Zwei – und zog, nachdem er Jonas lange mit seinen eisblauen Augen angestarrt hatte, noch eine: Herz-König. Anstatt seine Karten aufzudecken und sich geschlagen zu geben, sah er Jonas an, als wäre nichts geschehen.

»Sie haben verloren«, sagte Jonas.

»Woher willst du das wissen?«

»Ich weiß es.«

Und daraufhin warf Smolinski die Karten in die Luft, rief: »Ich habe noch nie verloren, noch nie!«, und fegte Jonas' Einsätze vom Tisch – selbst der Kalender fiel polternd zu Boden und gab ein Krachen von sich, als ob er zerbrochen wäre.

In der *Goldenen Lerche* waren alle Geräusche verstummt. Vor den Fenstern tanzte der Staub. Eine Weile saßen sich Jonas und Smolinski reglos gegenüber. Dann hob Jonas den Kalender auf und begutachtete ihn von allen Seiten. Alles in Ordnung. Nur die Fünf stand offen. Dahinter lag ein Stück Schokolade mit einem eingeprägten I. Smolinski vergrub den Kopf zwischen seinen Händen.

»Hier.« Jonas schob ihm das Stück Schokolade hin.

Und Smolinski tastete danach, nahm es und steckte es sich so in den Mund, dass Jonas es nicht sehen konnte, mit der Hand davor, als wäre es ihm unangenehm, beim Essen beobachtet zu werden. Nachdem er den letzten Bissen heruntergeschluckt hatte, stand er auf, nahm seinen Hut vom Haken und die Tüte vom Boden und wandte sich in der Tür noch einmal zu ihm um: »Bald wirst du Besuch bekommen, Jonas Klaasen! Verlass dich drauf.«

»Von wem?«, fragte Jonas.

Aber Smolinski hörte ihn schon nicht mehr.

6 Besuch aus einer anderen Welt

Am nächsten Morgen wurde Jonas wieder vom Duft frisch aufgebrühten Kaffees geweckt. Noch ehe er ganz bei Sinnen war, hörte er neben sich jemanden geräuschvoll gähnen und »Guten Morgen« sagen. Erst dachte er, Sonja sei ins Zimmer gekommen, weil die Stimme so hell war, aber als er sich zum Kalender auf dem Nachttisch umdrehte, sah er einen winzigen Mann vor der Nummer sechs stehen. Vor Schreck wich Jonas zurück. Nachdem er seine Fassung wiedererlangt hatte, beugte er sich zu ihm hin. Der Mann war in etwa so groß wie die Schnitzfiguren, die aufgereiht in Jonas' Regal standen, aber seine Garderobe war ausgefeilter: Er trug eine rote Pudelmütze, einen weißen Bademantel über einem blauen Schlafanzug und gelbe Gummischlappen, hatte einen dicken Bauch, lange Haare und einen Sechstagebart. In der Hand hielt er eine Tasse Kaffee. War das der Besuch, von dem Smolinski gesprochen hatte?

»Noch nie jemanden Kaffee trinken sehen?«, fragte der Mann.

»Doch«, sagte Jonas. »Aber noch nie jemanden so Kleinen.«

»Na, das nenn ich mal eine Begrüßung am Morgen«, sagte der Mann und blickte zur anderen Seite, als spräche er mit einem unsichtbaren Freund. »Erst mal ein paar Beleidigungen austeilen.« Er wandte sich wieder Jonas zu. »Man hat mich ja schon vieles genannt, ›dick‹, ›laut‹, ›penibel‹, aber ›klein‹ höre ich zum ersten Mal. Ich bin siebenundvierzigtausend Mikrometer groß. Das können die meisten hier«, er wies mit der freien Hand auf die geschlossenen Türchen des Kalenders, »nicht von sich behaupten. Gegen mich sind das alles wandelnde Pikometer.«

»Sind Sie der Nikolaus?«, fragte Jonas, weil heute der Sechste war, und setzte sich im Bett auf.

»Seh ich so aus?«

»Ein bisschen schon«, sagte Jonas und musterte ihn von oben bis unten. Er hatte sich vorgenommen, Frau Krawinkels Rat zu befolgen, sich nicht in Fantasiewelten zu flüchten, sondern sich an die Fakten zu halten und seinen fünf Sinnen zu vertrauen. Fakt war: Es gab keine Winzlinge, und doch stand einer vor ihm, er konnte ihn sehen und hören.

»Mit anderen Worten: überwiegend nicht.« Der Winzling trank einen Schluck Kaffee und verlagerte sein Gewicht von einem Bein aufs andere. »Ich bin Achim. Joachim Ernesto Oppermann.«

»Ernesto?«

»Ja, mein Großvater war Spanier, ein spanischer Eroberer.«

»So?«, fragte Jonas. »Was hat er denn erobert?«

»Na, meine Großmutter natürlich!«

»Wohnen Sie im Kalender?«

»In der alten Schachtel hier?« Oppermann wies hinter sich. »Und ob. Seit dreißig Jahren schon, kann mich nicht erinnern, jemals länger irgendwo gewohnt zu haben. Aber wer weiß, wie lange noch. Die Zentrale lässt nur noch das Nötigste machen. Dabei müssten die Leitungen mal erneuert werden, und ein neues Dach könnten wir auch gebrauchen. Die Scharniere quietschen bei jeder Bewegung. Und überall blättert Farbe ab. Das sind natürlich Investitionen! Da ist es mit einer einfachen Reparatur nicht getan. Und alleine schafft man das alles sowieso nicht.« Er deutete mit der Tasse in der Hand auf die offenen Türchen. »Sie sehen ja selbst, wie es hier aussieht. Jeden Tag schließe ich die verfluchten Türen ab, und am andern Morgen stehen sie wieder sperrangelweit offen.« Er drehte sich wieder zu Jonas um. »Ich bin nämlich so eine Art Hausmeister hier. Ich habe einen Schlüssel, einen Generalschlüssel.« Klimpernd zog er einen dicken Schlüsselbund aus der Tasche seines Bademantels.

»Wenn Sie einen Generalschlüssel haben, wozu brauchen Sie dann all die anderen?«

»Die anderen sind dazu da, Eindruck zu schinden. Ein einzelner Schlüssel macht nicht viel her. Aber Dutzende Schlüssel, noch dazu so dicke wie die hier, und die Leute kommen aus dem Staunen gar nicht mehr raus.«

»Können Sie damit alle Türchen öffnen?«

»Ich könnte schon. Aber ich mach's nicht. Ich dürfte das gar nicht. Nur in Notfällen. In alleräußersten Notfällen. Steht jedenfalls in der Kalenderordnung, Paragraf siebenhundertzweiundvierzig, Absatz neun: ›Türen dürfen nur im Notfall geöffnet werden.‹ Was ein Notfall ist, regelt Paragraf zweihundertzwölf, Absatz drei: ›Ein Notfall ist ein unvorhersehbares Ereignis, welches eine Gefahr für einen oder mehrere Bewohner darstellt oder die Überraschung beschädigt oder zerstört.‹ Eine Gefahr kann ein Brand sein, ein Wassereinbruch, ein Insektenbefall oder ein Weltuntergang. Die Adventszeit ist kein Notfall. Stress für viele, eine Gefahr für manche. Aber kein Notfall. So«, sagte Oppermann und wandte sich zum Gehen. »Ich muss dann mal weiterarbeiten.«

»Ich dachte, Sie haben noch gar nicht damit angefangen«, sagte Jonas und hielt sich die Hand vor den Mund, weil der Satz einfach so aus ihm herausgeschossen war und wie eine Beleidigung klang, wie ein Vorwurf, den er selbst oft genug zu hören bekam.

»Sie nehmen sich ganz schön was heraus«, sagte Oppermann schon halb im Türchen stehend. »Dafür, dass Sie sich mir noch nicht einmal vorgestellt haben.«

»Ich bin Jonas«, sagte Jonas. »Jonas Klaasen.«

»A-ha!«, sagte Oppermann. »Na also. Geht doch.«

»Sie haben mir aber auch etwas verschwiegen«, sagte Jonas.

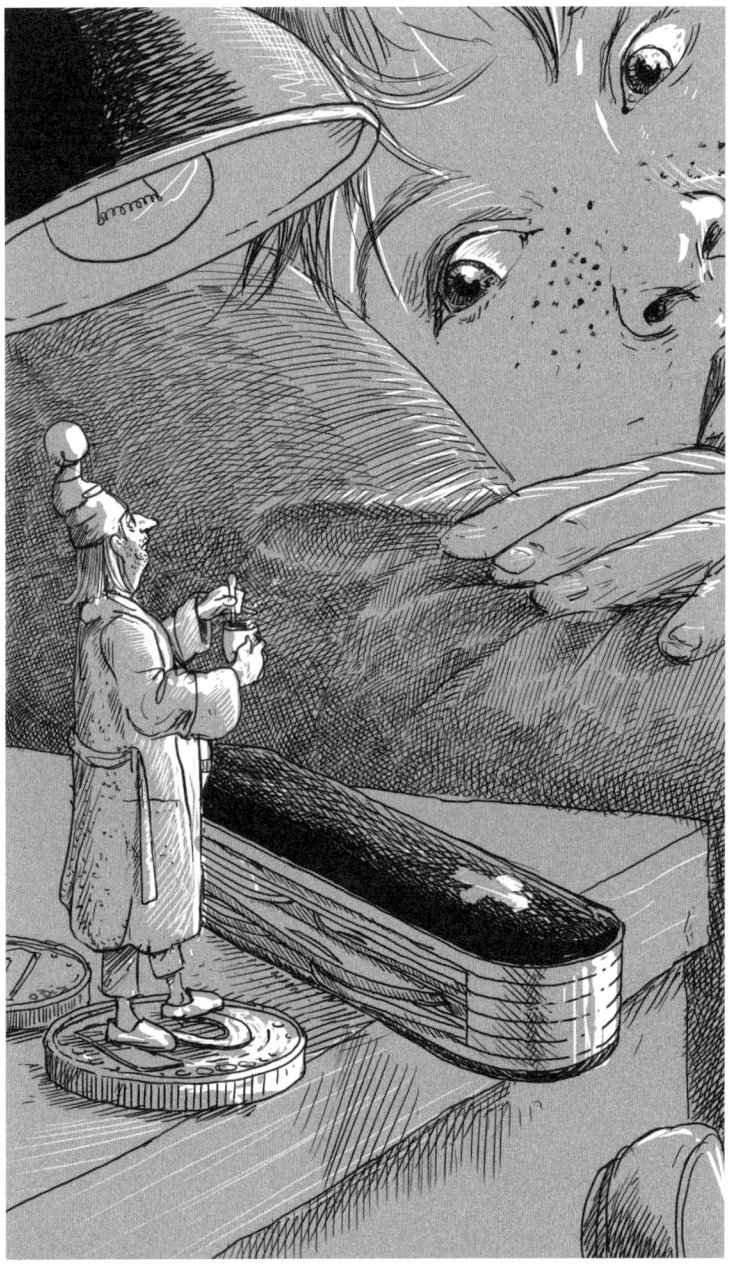

»So?«, sagte Oppermann. »Was denn?«

»Was ist mit der Schokolade passiert?«

»Sie wissen davon?«, fragte Oppermann und kratzte sich mit der freien Hand am Kopf. »Die Sache ist die: Die lag hier fünf Tage rum. Und ich … also … wissen Sie, eine Tasse Kaffee zum Frühstück, dazu gehört nun mal ein Stück Schokolade … nicht ganz so groß wie dieses … aber … fünf Tage sind auch viel Zeit … und gestern hat's so geruckelt … und gescheppert … da hab ich's mit der Angst gekriegt, also … na ja… an und für sich mache ich so was ja nicht … aber diesmal … ich weiß auch nicht … ach, was soll's«, er sah Jonas an, »ich hab's aufgegessen.«

»Was? Das ganze Stück?«

»Ja, ja.« Oppermann rieb sich, ob aus Stolz oder Scham war nicht ersichtlich, über den Bauch. »Es war aber auch wirklich sehr groß. Hat den ganzen Flur versperrt. Ich bin gar nicht mehr vor die Tür gekommen. Außerdem brauchte ich was für die Nerven. War das für Sie?«

»Ich weiß nicht.«

»Was wissen Sie denn?«

»Nicht genug.«

»Dann könnte Sie vielleicht interessieren, was drauf war.«

»Wo drauf?«

»Na, auf der Schokolade natürlich. Was für ein Buchstabe.«

»Ach so, ja. Ja klar.«

»Ein R«, sagte Oppermann und sah zur Decke des Zimmers empor. »Ja, es sah aus wie ein R. Wobei. Wenn ich jetzt so darüber nachdenke. Kann auch was anderes gewesen sein.«

»Was anderes?«

»Ja.« Oppermann wandte sich wieder Jonas zu. »Ein B vielleicht. Oder eben ein R. Weiß ich nicht mehr. Hab unten zuerst reingebissen. Am ehesten ein R. Aber lecker war's. Ich hoffe, Sie haben sich auch die anderen Zeichen gemerkt.«

»Welche Zeichen?«

»Na«, Oppermann rollte mit seinen winzigen Augen, »die auf den Schokoladenstückchen natürlich. Sie haben ja wirklich keine Ahnung. Merken Sie sich die. Sie werden die noch brauchen. So, jetzt muss ich aber los.« Er wandte sich um, die Hand schon am Griff des Türchens. »Eine Sache noch.« Er blickte in seine Kaffeetasse und sah wieder zu Jonas auf. »Ach nee … Die erzähl ich Ihnen besser beim nächsten Mal.« Er zog das Türchen hinter sich zu, auf dem, Jonas bemerkte es erst jetzt, eine Pudelmütze abgebildet war, und augenblicklich war es still im Zimmer. Stiller als je zuvor.

7   Sonja hat einen Plan

Als Jonas einschlief, hoffte er, am Morgen wieder von Oppermann geweckt zu werden. Er hatte noch so viele Fragen an ihn.
Warum er so klein war. Weshalb der Kalender vor ihrer Haustür gelegen hatte und nicht vor der einer anderen Familie. Was
die Buchstaben und Zahlen zu bedeuten hatten. Aber als der
Wecker klingelte, war kein Oppermann zu sehen. Die Sechs
war zu und die Sieben, auf der Nadel und Faden abgebildet
waren, auch. Sonja stürmte im Nachthemd ins Zimmer und
fragte: »Was ist diesmal drin?«

»Weiß ich nicht«, sagte Jonas genervt und stand auf.

»Hast du die Schokolade gestern ganz allein aufgegessen –
so wie den Stutenkerl?«

»Nein«, sagte Jonas wahrheitsgemäß.

»Nie teilst du mit mir.«

»Du teilst ja auch nicht mit mir.«

»Gar nicht wahr.«

»So? Was denn?«

»Das Leben«, sagte Sonja. »Jeden Tag und jede Nacht.«

»Sehr witzig.«

Während Jonas zum Schrank hinüberging und eine Hose,
ein frisches Unterhemd und einen Pullover anzog, betrachtete
Sonja den Kalender. »Das heute ist leicht. Wir müssen zu Oma
Ilse.«

»Wir«, sagte Jonas, das Wort übertrieben betonend, »müssen nirgendwohin. Und außerdem heißt sie Dore.«

»Nein«, sagte Sonja, »Ilse.«

»Dore.«

»Ilse.«

Sie führten dieses Gespräch jedes Mal, wenn von Ilsedore die Rede war. Sonja nannte sie Ilse, Jonas Dore. Er hatte sie nicht mit Sonja teilen wollen, er hatte seine eigene Großmutter haben wollen, und deshalb sprachen die Kinder sie mal mit dem einen Namen an, mal mit dem anderen. Oma Ilse oder Dore war nicht ihre richtige Großmutter, sondern eine Freundin des Hauses, Schneiderin im ersten Bezirk. Aber seit dem Tod von Oma Trudl, Gertrud Klaasen, betrachteten sie Ilsedore Menger-Ratsch als einzige und nächste Verwandte. Sie wohnte nicht weit von ihnen entfernt. In dem Haus, in dem sie mit ihrer Familie lebte, hatte sie im Erdgeschoss einen kleinen Laden eingerichtet, den kleinsten Laden der ganzen Stadt. In einem Regal in der Mitte lagerten Stoffrollen, Batist und Brokat, Chiffon und Chintz, Damast und Denim, Seide und Satin, Tuch und Tweed und Twill, und auf den Kleiderständern, die von Wand zu Wand reichten, hingen die ausgebesserten Kleider und Anzüge, die Hemden, Hosen und Blusen. Jeden Tag saß Frau Menger-Ratsch vor ihrer Nähmaschine, die sie, wenn sie etwas zurechtschneiden musste, im Tisch versenken konnte. Nähte sie weiter, drehte sie an einem Rad, und die Nähmaschine kam wieder zum Vorschein.

Jonas brachte ihr oft an den Knien zerschlissene Hosen oder Jacken mit Löchern drin. Sonja ließ bei ihr Kleider ausbessern, wenn sie irgendwo hängen geblieben war oder wenn sie meinte, dass sie einen neuen Schnitt vertragen könnten. Kinder bediente Frau Menger-Ratsch sofort und kostenlos, aber Erwachsene, Männer vor allem, die ihr zerschlissene Arbeitskleidung brachten, mussten warten und zahlen. Manchmal versteckten sich Jonas und Sonja nur in Unterwäsche zwischen den Stoffen, bis die Hose geflickt und das Kleid geändert war. Frau Menger-Ratsch erzählte ihnen derweil Geschichten aus ihrer Zeit als Kostümbildnerin, von fahrenden Theatern und

berühmten Schauspielern, Wissenswertes aus der Welt der Textilwirtschaft, von Schafen und Plantagen, von den weiten Wegen, die die Stoffe zurückgelegt hatten, bevor sie bei ihr ankamen, oder eigene Erlebnisse, von den Kleidern, die sie selbst getragen, und davon, welchen Eindruck sie damit gemacht hatte, auf Männer und auf Frauen.

»Ein Kleid ist eine Visitenkarte«, sagte sie zum Beispiel.

Und Sonja fragte: »Was ist eine Visitenkarte?«

»Das ist eine Karte, auf der steht, wer du bist und was du machst. Und wenn du das richtige Kleid trägst, dann musst du dich niemandem mehr vorstellen. Alle sehen, wer du bist und was du machst. Wo du herkommst. Und wo du hinwillst.«

»Aber manche tragen Kleider und sind jemand ganz anderes«, sagte Sonja.

»Ja«, sagte Frau Menger-Ratsch. »Das stimmt. Das gibt es auch. Clowns und Helden. Aber nicht bei mir. Bei mir gibt es keine Kostüme, jetzt nicht mehr, und auch keine Konfektionsware. Nur Maßanfertigungen.«

Und zu Jonas sagte sie: »Eine Hose macht den Mann.«

Und Jonas fragte: »Macht ein Mann auch eine Hose?«

»Nein«, sagte Frau Menger-Ratsch entschieden. »Eine Hose, die dir nicht passt, wirst du nie ausfüllen, selbst wenn du wächst und ich den Saum auslasse. Die muss von Anfang an sitzen. Die muss dir eine zweite Haut sein, ein Schutz vor Wind und Wetter, damit du jedes Abenteuer bestehst.«

So sprach sie. Und währenddessen ratterte unablässig ihre Nähmaschine.

Manchmal aber sagte sie: »Kinder, mir ist ganz schwummrig, seid bitte so lieb und holt mir etwas Süßes bei Kleineidam, ja?« Kleineidam war der Konditor. »Und bringt euch auch etwas mit, ja?« Dann gab sie ihnen Geld, und sie kauften ihr Pralinen, Baumkuchen oder Törtchen und für sich selbst je nach Jahreszeit Eis oder Gebäck oder Konfekt.

Nach dem Mittagessen – Sonja war zu einer Freundin gegangen – begab sich Jonas zu ihrem kleinen Laden. Er hielt den Kalender mit beiden Händen, ganz vorsichtig, jede Erschütterung vermeidend. Er wollte nicht, dass Oppermann das Gefühl hatte, auf hoher See oder inmitten eines Erdbebens zu sein. Frau Menger-Ratsch saß im Fenster und nähte ein Kleid. Als Jonas eintrat, gab die Tür ein Klingeln von sich, das von den vielen Stoffen im Raum gleich wieder erstickt wurde.

»Jonas«, sagte Frau Menger-Ratsch, hielt im Nähen inne, schaute über den Rand ihrer Brille, »was für eine Überraschung«, und ließ die Maschine wieder losrattern. »Was ist passiert? Was bringst du mir? Wieder ein Loch? Oder einen Riss?«

»Weder noch«, sagte Jonas und reichte ihr den Kasten. »Einen Adventskalender.«

Frau Menger-Ratsch hörte auf zu nähen und setzte ihre Brille ab. »Sieht mir mehr nach einem Nähkästchen aus.« Sie klappte Ebene für Ebene auseinander. »Aber was für eins! Die reinste Zierde. Das sind Motive!«

»Ja«, sagte Jonas und hielt sich den Kopf, die Wärme im Raum ließ ihn schwindeln, er hatte das Gefühl, dass sich die Kleidungsstücke auf den Stangen bewegten, und setzte sich, weil er Angst hatte, umzufallen, auf einen Stoffballen. Vor dem Fenster huschte wieder die alte Frau vorbei und in ihrem Gefolge, wie ein hautfarbener Schatten, der Nackthund. Und gegenüber, auf der anderen Straßenseite, stand Maik Mirscheidt mit einer pinkfarbenen Tüte in der Hand.

»Die Nummer sieben sind Nadel und Faden«, stellte Frau Menger-Ratsch fest und zog, als hätte das Bild sie dazu animiert, eine Nadel aus dem Nadelkissen neben sich. »Deshalb bist du zu mir gekommen, richtig?«

Jonas nickte schwach.

Frau Menger-Ratsch tippte mit der Nadel auf das Türchen, und mit einem Mal schwang es auf. »Oh.« Vor Schreck ließ sie die Nadel auf den Tisch fallen und schlug die Hände vor dem Mund zusammen. Dann nahm sie die Hände wieder herunter. »Schokolade! Und was für eine! Mit einem F drauf. Was hat das zu bedeuten?« Ohne eine Antwort abzuwarten, biss sie hinein und sprach kauend weiter. »Wie gut, dass ihr immer an eure alte Ilsedore denkt. Und was für ein Zufall, wo ich eben schon zu Sonja gesagt habe, ich könnte wieder was Süßes vertragen.«

»Sonja?«, fragte Jonas tonlos.

»Ja«, rief Sonja und kam unter dem Kleiderständer hervor. »Wusste ich's doch, dass du herkommen würdest!«

Auf dem Nachhauseweg redete Sonja ununterbrochen auf ihn ein. Sie erklärte ihm alles in allen Einzelheiten, wie sie anstatt zur Freundin zu Oma Ilse gegangen war, wie sie ihr alles erzählt und sie zur Verschwiegenheit verpflichtet hatte, wie sie unter den Kleiderständer gekrochen war, als Jonas hereingekommen war, wie sie sich zu erkennen gegeben hatte. »Du hättest dein Gesicht sehen sollen«, sagte sie, und während sie weitersprach, fragte sich Jonas, wie er so leichtsinnig gewesen sein konnte. In Zukunft musste er auf der Hut sein. Er durfte sie nicht in seine Pläne einweihen. Sonst kam sie ihm noch zuvor.

8 Im Reich der Düfte

Kaum kam Jonas nach der Schule in sein Zimmer, verriegelte er die Tür hinter sich. Er wollte seine Ruhe haben, die vergangenen Tage überdenken und das Rätsel des Kalenders lösen. Er stellte ihn auf den Schreibtisch und betrachtete die Abbildungen; die, die er schon erkannt hatte, und die, die er noch zuordnen musste. Das Haus der Holzfäller, den Kuhkopf, den Mann mit den Karten, einen Vogel aus Ästen und Laub, einen Schlüsselbund, nackte Füße, einen Totenkopf, einen Drachen, ein Auge, eine Faust, einen Mantel mit Hund. Dann riss er ein Blatt Papier aus einem Schreibheft und machte sich Notizen über die Schokoladenstücke und die darin eingeschriebenen Zeichen: »M«, »1«, »Z«, »A«, »I«, »R« (oder »B«), »F«. Aber wie er die Buchstaben und Zahlen auch drehte und wendete und neu anordnete – sie ergaben keinen Sinn. Aus Angst, dass der Vater oder Sonja seine Aufzeichnungen fanden, vernichtete er sie wieder, zerriss die Papiere so häufig wie möglich und verteilte die Fetzen auf Mülleimer, Klo, Regenrinne und Wind.

Das Türchen des achten Tages war fast vollständig von einer Nase ausgefüllt. Wer mochte damit gemeint sein? Erst als er auf der Suche nach einer Antwort durch den ersten Bezirk lief, an *Mode Niederstrasser* und *Eisen Meyer* – »Eisenwaren, Schuh- & Schlüsseldienst« – vorbei, und vor der Parfümerie *Le Nez* stehen blieb, meinte er, auf der richtigen Spur zu sein. Die Parfümerie war ein aufgeräumtes Geschäft mit Vitrinen voller bunter Fläschchen. Jonas hatte sie noch nie betreten, aber durchs Fenster hatte er immer Frauen darin stehen sehen, die sich ihre Handrücken oder Handgelenke unter die Nase hielten.

Besitzerin der Parfümerie war Hildegard von Kleef. Ihr Name klang älter, als sie war, sie hatte ihn von ihrer Mutter geerbt und die wiederum von ihrer Mutter, eine lange Linie von Parfümeurinnen, die über Jahrhunderte – niemand wusste, seit wie vielen Generationen – in Versailles gelebt hatten. Es hieß, ihre Vorfahren hätten sogar Könige und Königinnen am französischen Hof beraten und seien durch ferne Länder gereist, um exotische Düfte zu sammeln. »Das sind bloß Geschichten«, sagte der Vater gerne. »Vor ein paar Jahren haben die von Kleefs im Varieté noch Seife, Lappen und Schnürsenkel verkauft, mit einem Bauchladen.« Ob die Geschichten stimmten oder nicht, Hildegard von Kleef hatte das Sortiment verkleinert, sie hatte nur noch Parfüm im Angebot und versprach ihren Kunden, für jeden den passenden Duft zu finden.

Als Jonas eintrat, war das Geruchserlebnis überwältigend. Von allen Seiten stürmten die Eindrücke auf ihn ein, als hätte jemand tausend Räucherstäbchen gleichzeitig angezündet. Er stellte, weil ihm wieder schwindelte, den Kalender vor sich hin und stützte sich an einem der Regale ab.

»*Mon cher*«, sagte eine junge Frau mit langen roten Haaren neben ihm – Hildegard von Kleef. »Was bist du?«

»Ich bin Jonas Klaasen. Von *Tischler Klaasen*.«

»*Non, non*«, sagte Frau von Kleef. »Ich weiß doch, wer du bist. Jeder hier weiß das. Du und deine Schwester. *Les enfants tristes! Sans mère!* Ich meine, was bist du für einer?«

»Ich bin ein Junge.«

»Das sehe ich, *mon Dieu!* Was ist dein *odeur?*« Sie beugte sich zu ihm und roch an seinem Haar, an seinem Nacken, nahm seine Hand in ihre und führte sie zur Nase, dann ließ sie von ihm ab, wandte sich um und sagte: »Eine Kombination aus Bergamotte, Kardamom, frischer Papaya und Ananas. Ein Akkord von Veilchen, Rose und Muskat. Und zum Schluss: Moschus und Ambra.« Sie nahm einen grünen Flakon aus einer der Vitrinen und träufelte Jonas etwas von dem Inhalt auf den Handrücken. Jonas roch daran und verzog das Gesicht. Langsam kam er wieder zu Bewusstsein. »Dann vielleicht Essenzen von japanischem Yuzu, Zedernholz und warmem Moschus.« Sie griff nach einer schwarzen Flasche. Diesmal schüttelte Jonas den Kopf, bevor er eine Grimasse schnitt. *»Mon Dieu«*, sagte sie wieder. »Bist du nicht wegen einem Mädchen hier?«

»Nein«, sagte Jonas, hob den Kalender hoch und reichte ihn ihr. »Deswegen.«

»C'est fantastique«, sagte sie und klappte ihn auf. *»Une boîte merveilleuse.* Eine, wie sagt man, Wunderkiste.«

Jonas zeigte auf das achte Türchen. »Die Nase.«

»Ich sehe die Nase«, sagte Frau von Kleef und begann, an dem Kalender zu schnuppern. »Mmh … Kaffee … Warum riecht der so stark nach Kaffee?«

Das brachte Jonas in Verlegenheit. Er wollte sie nicht anlügen, ihr keine Märchen auftischen, und war kurz davor, von Oppermann zu erzählen. »Also, das klingt jetzt vielleicht komisch −«, begann er, doch in dem Moment ging die Tür auf. Aber nicht die des Kalenders, sondern die Ladentür. Und herein kam Maik Mirscheidt.

Maik Mirscheidt war drei Jahre älter als Jonas, ging in die siebte Klasse, trug meist schwarze Schuhe, dunkle Jeans mit aufgerissenen Knien, Nietengürtel, Lederjacke und, wenn es dafür heiß genug war, ausgewaschene T-Shirts mit Totenköpfen drauf. An seinem Fahrrad baumelte hinten an einer Stange der Schwanz eines Eichhörnchens. »Wer mir den abreißt, den mach ich kalt«, sagte er gerne und boxte wie zum Beweis in die Luft. Jüngeren Schülern lauerte er morgens vor der Schule auf und verlangte »Schutzgeld« oder »Proviant für den Tag«. Auch Jonas hatte ihm schon etwas geben müssen. Beim ersten Mal hatte er ihn gefragt: »Schutzgeld? Für was? Wovor musst du mich denn schützen?«

»Vor mir«, hatte Maik Mirscheidt geantwortet.

Also hatte Jonas ihm sein Kleingeld gegeben, und Maik hatte ihn für ein paar Tage in Ruhe gelassen. Dann hatte Maik »Proviant für den Tag« von ihm gefordert. Damit war das Pausenbrot gemeint. Auch das hatte Jonas ihm gegeben.

Als er dem Vater davon erzählt hatte, in der Hoffnung, dass der etwas dagegen unternehmen würde, hatte er nur gesagt: »Maik hat's nicht leicht. Die Mirscheidts kommen aus ganz armen Verhältnissen. Aus dem Osten.«

»Aus Großgottum?«

»Dahinter. Viel weiter weg. Und als die hier ankamen, hatten die nichts, noch weniger als wir. Und jetzt haben sie immer noch nicht viel mehr. Das kannst du dir nicht vorstellen. Dagegen sind wir reich.«

Jonas war so unvorsichtig gewesen, das Maik gegenüber zu erwähnen: »Iss dich mal richtig satt«, hatte er bei der nächsten Proviant-Übergabe zu ihm gesagt. »Zu Hause kriegst du ja nichts.«

Und seitdem hatte Maik ihn auf dem Kieker. Auch das war ein Grund dafür, dass Jonas morgens immer zu spät zur Schule kam und mittags zu spät nach Hause: Er wollte Maik nicht begegnen. Ravenhagen war zwar zu klein, um sich aus dem Weg zu gehen, aber Jonas wusste, wo sich Maik zu welcher Uhrzeit herumtrieb, welche Orte er meiden musste, zumindest morgens in der Schule. Nachmittags stand er meist mit einigen Jungs am Bahnhofsbrunnen, abends lungerten sie an der Bushaltestelle herum, rauchten, spuckten auf den Boden und machten die Leute lautstark darauf aufmerksam, woanders hinzugucken.

Die Parfümerie war der unwahrscheinlichste Ort für ein Aufeinandertreffen. Und doch standen sie sich jetzt genau hier gegenüber.

»Ach«, sagte Maik Mirscheidt, »wen haben wir denn da? Das Rotbäckchen! Hast wohl 'ne kleine Freundin, was? Und die kann dich nicht riechen. Weil du so stinkst. Und jetzt bist du hier, um dich mal so richtig einzudieseln!«

»Nee«, sagte Jonas und stellte sich so vor den Kalender, dass Maik ihn nicht sehen konnte.

»Was versteckst du da hinterm Rücken?« Maik trat an Jonas heran. »Ist das der Kalender, von dem Smo–, äh, alle reden?«

Und als er gerade seine Hand danach ausstreckte, sagte Frau von Kleef: »Ich habe das Paket schon fertig.« Sie ging zum Tresen hinüber, nahm einen in Geschenkpapier gewickelten Flakon in die Hand, steckte ihn in eine pinkfarbene Tüte mit der Aufschrift »*Le Nez*« und übergab das Ganze Maik Mirscheidt. »Du musst dir das nicht von Frau Krawinkel quittieren lassen. Das ist schon bezahlt. Das ist ein Geschenk.«

»Von wem?«, fragte Maik.

»*Mon Dieu*. Was ist bloß los mit euch? Einer neugieriger als der andere. Verschwiegenheit ist mein Geschäft. Das weißt du doch. Und jetzt Abmarsch. Ich habe hier noch einen Kunden.«

»Wir sprechen uns noch.« Maik Mirscheidt zeigte mit dem Finger auf Jonas. »So leicht kommst du mir nicht davon.«

Durchs Fenster sah Jonas, wie er auf sein Fahrrad stieg und davonradelte. Und er beruhigte sich erst wieder, als Maik Mirscheidt außer Sichtweite war.

»Was macht der denn hier?«, fragte Jonas.

Und Frau von Kleef sagte: »Jetzt fängst du auch noch an. Jeder hier will alles von allen wissen.«

»Ich meine nur«, sagte Jonas. »Den hätte ich hier nicht erwartet.«

»*Bien*. Der macht Botengänge für mich. Ich kann hier tagsüber ja nicht weg, und bei Düften ist Eile geboten, jede Sekunde ist kostbar. So, *mon petit*.« Sie beugte sich zu ihm herab. »Wo waren wir stehen geblieben?«

»Bei der Nase«, sagte Jonas und wies wieder auf das Türchen im Kalender.

»Ach ja.«

Jonas war froh, dass sie nicht noch einmal daran roch und sich über den Kaffeegeruch wunderte. Stattdessen zog sie das Türchen einfach auf und das Stück Schokolade, das sich dahinter verbarg, hervor.

»Ist das für mich?«, fragte sie.

Jonas traute sich nicht, ihr zu sagen, wie gern er selbst noch einmal diese Schokolade probiert hätte, weil er das Gefühl hatte, dass sie ihn vor Maik Mirscheidt geschützt hatte. Ihm kam das Stück Schokolade, das sie in Händen hielt, wie eine Mischung aus »Schutzgeld« und »Proviant für den Tag« vor, wie etwas, das sie sich redlich verdient hatte, und deshalb nickte er, und vor seinen Augen biss sie die Hälfte des Buchstabens ab, der darauf zu sehen war: ein T.

Vor dem Schlafengehen klopfte er bei Oppermann an. »Hallo Herr Oppermann, sind Sie zu Hause?« Hinter der Sechs blieb es still und ruhig. Etwas, er fühlte es mehr, als dass er es sah, klebte an dem Türchen. Ein winziger Zettel. Jonas musste seine Lupe zu Hilfe nehmen, um zu erkennen, was darauf geschrieben stand. Aber selbst in der Vergrößerung konnte er es, der krakeligen Handschrift wegen, nur schwer lesen. »Verzogen nach Nummer 11«. Er klopfte dort, aber auch dort blieb es still und ruhig.

Dann schlief er ein.

9 Zilpzalp

Weil auf dem neunten Türchen ein Baum in Form eines Vogels zu sehen war, Äste statt Beine und Blätter statt Federn, ein Vogelbaum, der aus einer flachen Hand wuchs, nahm Jonas den Kalender morgens mit zur Schule. Sonjas Vorschlag, noch einmal zu den Ohlenforsts zu gehen – »Die kennen sich doch mit Bäumen aus!« –, hatte ihn nicht überzeugt. Er meinte, eher jemanden finden zu müssen, der die ganze Natur studiert hatte und von Tieren ebenso viel verstand wie von Pflanzen. Nach dem Biologieunterricht ging er deshalb zu Herrn Siemsglüß in den Materialraum, in dem Karten, Mikroskope, Modelle von Menschen, echte und falsche Skelette und Tierpräparate lagerten, zog den Kalender hervor und zeigte auf das Bild des Tages. »Was für ein schöner Kalender«, sagte Herr Siemsglüß und zupfte an seiner Fliege. »Wo hast du den denn her?«

»Hab ich vor dem Haus gefunden.«

»So? Aber wer hat den denn verloren?«

»Niemand, glaube ich. Ich glaube, der ist für mich.«

»Ein Adventsgeschenk. Und was für eins. Da hat sich jemand aber viel Mühe gegeben.«

»Wissen Sie, was das für ein Vogel auf dem Türchen ist?«

Herr Siemsglüß zog eine Brille aus seinem grünen Samtjackett, setzte sie auf und ging mit dem Kalender ans Fenster. »Das ist schwer zu sagen. Das Bild ist ja nur ein Symbol. Das ist ja kein echter Vogel. Nur Äste und Zweige und Blätter in Gestalt eines Vogels. Und dann diese Hand! Es gibt ja nicht viele Vögel, die einem aus der Hand fressen, Spatzen, Meisen, Wellensittiche. Die meisten muss man dafür aber erst zähmen.

Dieses Flügelaufschlagen scheint mir jedoch charakteristisch zu sein. Allerdings eher für Greif- als für Singvögel. Könnte eine Kornweihe sein, von denen gibt es nicht mehr viele … Wenn du's genau wissen willst, musst du nach der Schule zu mir kommen. Dritter Bezirk. Am Wiesengrund 17. Zu Hause habe ich eine wesentlich umfangreichere Sammlung als diese hier.« Er setzte die Brille wieder ab und fuhr mit der Hand durch den Raum. »Das ist ja nur Anschauungsmaterial. Wissenschaftlich ungenügend.«

Jonas wusste nicht, ob er es genau wissen wollte, und ihm war nicht ganz wohl bei dem Gedanken, Herrn Siemsglüß in dessen Haus zu besuchen, weil einige ältere Schüler, die bereits dort gewesen waren, behaupteten, dass die ausgestopften Tiere, die überall bei ihm herumstanden, zum Leben erwachten, sobald man mit ihnen allein im Zimmer sei. Aber Herr Siemsglüß war der Einzige in Ravenhagen, der sich mit Botanik und Zoologie gleichermaßen auskannte, der von Bäumen ebenso viel verstand wie von Vögeln. Und ohne ihn, das spürte Jonas, würde er nicht weiterkommen.

Herr Siemsglüß wohnte in einem kleinen Haus am östlichen Stadtrand, gleich hinterm Großgottumer Tor begannen die Felder. Den Horizont markierten die kastenförmigen Bienenstöcke von Imker Horvath. Bis dahin nichts als Bäume und Wiesen und einzelne, weit voneinander entfernt stehende Häuser, die alle gleich aussahen: grau verputzt und rote Dachziegel. Das Gras war gemäht, die Blumen – Rosen vor allem – waren zurückgeschnitten, die Zweige der kahlen Bäume gestutzt. In den Volieren neben der Garage flogen einige Vögel umher, die umso lauter wurden, je näher Jonas ihnen kam. Herr Siemsglüß stand schon in der offenen Haustür. »Die sind zuverlässiger als jede Klingel. Entweder kreischen sie wie verrückt, oder sie verstummen. In beiden Fällen weiß ich lange im Voraus: Da ist jemand im Anmarsch.«

»Was ist, wenn sie verstummen?«, fragte Jonas.

»Das kann Gefahr bedeuten, unmittelbare Gefahr.«

»Dann müssen Sie vor mir ja keine Angst haben.«

Herr Siemsglüß lachte und gab ihm die Hand. Jonas hatte gleich das Gefühl, von ihm ganz anders behandelt zu werden als in der Schule, ernsthafter, interessierter. Vielleicht weil er ihm eine Frage gestellt hatte, die nicht so leicht zu beantworten war. Aber als er ins Wohnzimmer trat, umgeben von ausgestopften Eisvögeln, Mardern, Füchsen, Ottern, überkam ihn ein Schaudern, und er wäre am liebsten rückwärts rausgerannt. Herr Siemsglüß, der dieses Verhalten offenbar von anderen Schülern schon kannte, schob ihn, eine Hand auf seinen Rücken gelegt, voran. »Komm, ich zeig dir meine Sammlung.« Er führte ihn durch einen Flur in den hinteren Teil des Hauses, in ein zweites, größeres Wohnzimmer. Auf den Regalen ringsum standen Tiere: Maulwürfe, Mäuse und Ratten, von der Decke hingen Möwen, Tauben, Lerchen, und aus den Wänden kamen – die Köpfe voran – Rehe, Gämsen, Widder. Jonas hatte das Gefühl, dass alle Augen auf ihn gerichtet waren, dass alle nur darauf warteten, mit ihm allein zu sein. Aber Herr Siemsglüß traf keine Anstalten, den Raum zu verlassen. Im Gegenteil: Er zeigte auf einige Insekten und sagte: »Das ist ein Augenfalter.« – »Und hier haben wir einen Großen Ulmenprachtkäfer.« – »Und dieses entzückende kleine Wesen mit einer Art Fliegenpilz auf dem Rücken ist eine Sumpfkreuzspinne. Habe ich früher dressiert.«

»Sie haben Spinnen dressiert?«

»Flöhe sogar. Alle Tiere. Die kleinen und die großen. Flöhe und Elefanten. Lange her.« Herr Siemsglüß fuchtelte mit der einen Hand vor seinem Gesicht herum, als müsste er diesen Gedanken verscheuchen, und wies mit der anderen auf einen weißen Tisch mit einer so glatten Oberfläche, dass sich Jonas' Gesicht darin spiegelte. »So«, sagte Herr Siemsglüß und knipste eine darüber hängende Lampe an. »Dann zeig noch mal her.«

Jonas holte den Kalender hervor, und Herr Siemsglüß setzte wieder eine Brille auf, aber eine andere als am Morgen im Materialraum. Die Gläser waren so dick wie bei einer Lupe. »Ja«, sagte er, »leider sehr abstrakt.« Er richtete sich auf und nahm die Brille ab. »Ich vermute, es ist auch so gemeint. Nicht die Vogelform auf dem Türchen ist hier entscheidend oder der Flügelschlag, sondern die Zweige und Äste und Blätter. Die Verschmelzung von Pflanze und Tier. Das könnte auf ein Homofon hindeuten, ein Wort, das unterschiedlich geschrieben wird, aber die gleiche Aussprache hat: Lerche und Lärche, einmal mit e, einmal mit ä, einmal ein Vogel, einmal ein Baum.«

»Ich kenne den Unterschied«, sagte Jonas. »Davon haben Sie uns schon in der Schule erzählt.«

»Aber eine Lerche passt nicht zu dir.« Herr Siemsglüß sprach ungerührt weiter. »Lerchen sind Frühaufsteher, die singen anderthalb Stunden vor Sonnenaufgang. Ich vermute, hier ist eine andere Art Verschmelzung von Pflanze und Tier gemeint, ein Laubsänger, ein *Phylloscopus,* putzige kleine Wesen, auch früh dran, aber erst eine Stunde später.« Herr Siemsglüß ging zu einem der Regale hinüber und nahm einen der ausgestopften Vögel herunter. »Das hier ist ein Weidenlaubsänger. Draußen würdest du um diese Jahreszeit keinen davon antreffen.« Er wies aus dem Fenster. »Die überwintern im Süden, am Persischen Golf, am Mittelmeer, an den Oasen der Sahara.« Dann stellte er den Vogel zum Abgleich neben den Kalender und sagte: »Hierzulande wird der wegen seines markanten Gesangs auch ›Zilpzalp‹ genannt.« Und in dem Moment sprang das Türchen auf, ob durch die Nähe des ausgestopften Vogels oder den Klang des Wortes, war nicht zu entscheiden. »Oh«, sagte Herr Siemsglüß und zog am Kragen seines Norwegers, als durchglühte ihn eine plötzliche Hitze. »Ein Wunderwerk

der Technik. Erstaunlich. Wirklich erstaunlich. Wie funktioniert das?«

»Keine Ahnung«, sagte Jonas und starrte auf die Zahl Zwei auf der Schokolade.

»Schokolade!«, sagte Herr Siemsglüß. »Darf ich?«

Und weil Jonas dankbar war, dass Herr Siemsglüß ihn mit den ausgestopften Tieren nicht allein gelassen hatte, wollte er ihm diesen Wunsch nicht abschlagen.

»Wenn du noch mehr Fragen hast, komm gern vorbei. Jetzt weißt du ja, wo ich wohne.«

Jonas nickte ihm zum Abschied zu, obwohl er sich nicht vorstellen konnte, jemals hierher zurückzukehren. Die Tür fiel hinter ihm zu. Einen Augenblick stand er reglos da. Von Weitem meinte er, Maik Mirscheidt hinter der Voliere entdeckt zu haben. Solange Jonas auf der Treppe stand, blieben die Vögel stumm, aber als er auf sie zuging, fingen sie an zu kreischen und wild umherzuflattern, und als er an die Ecke kam, dort, wo er Maik Mirscheidt gesehen zu haben glaubte, war da niemand.

Zu Hause erwartete ihn Sonja. Sie wollte wissen, was hinter den anderen Türchen verborgen gewesen sei. »Schokolade«, sagte Jonas.

»Was für Schokolade?«

»Immer die gleiche.«

Aber mit dieser Antwort gab sie sich nicht zufrieden und trommelte auch dann noch gegen seine Zimmertür, als er längst im Bett lag und der Vater sie von unten dazu aufforderte, endlich schlafen zu gehen.

Nachts träumte Jonas von Oppermann, und als er am nächsten Morgen erwachte, erschien ihm die ganze Begegnung wenige Tage zuvor tatsächlich ein Traum gewesen zu sein: eine schwache Erinnerung an etwas, das nie stattgefunden hatte.

10 Der Zaubertrank

In der Schule ließ Dr. Ingenschmidt Jonas nach vorne treten und wie einen Wolf heulen, weil er meinte, dass, so wie er singe, das Kinn auf Brusthöhe, seine Kopfstimme nicht richtig zur Entfaltung gelange. Nichts konnte demütigender sein, als wie ein Wolf zu heulen. Jonas hasste Wölfe ebenso inbrünstig wie Hunde, auch wenn er noch nie einem Wolf begegnet war. In den Wäldern um Ravenhagen sollte es welche geben, der Vater warnte Sonja und ihn bei jedem Spaziergang davor, zu weit hineinzugehen, um nicht gefressen zu werden, und bisher hatten sie sich auch daran gehalten. Aber Jonas wusste, wie Wölfe heulten, Dr. Ingenschmidt hatte es ihm vorgemacht. Und auch jetzt machte er es ihm vor, wieder forderte er ihn auf, tief einzuatmen, den Kopf in den Nacken zu legen, ein lang gezogenes »U« von sich zu geben und dabei – und das war das Entscheidende – die Tonhöhe zu variieren. »Gerade stehen! Kopf zurück. Achtung! Und!« Und Jonas heulte, so kam es ihm vor, um sein Leben. Und je länger er dort stand, die Arme angewinkelt, die Augen zur Decke erhoben, desto leichter wurde ihm. Der Ton, der anfangs gepresst aus ihm herausgekommen und oft genug abrupt abgerissen war, weil er nicht tief genug Luft geholt hatte, wurde kräftiger und klarer, und er hielt länger durch als all jene, die in den Stunden zuvor die gleiche Übung absolviert hatten. Solange er sang, dachte er nicht an den Kalender, zum ersten Mal seit Langem dachte er an nichts. Erst hinterher auf der Straße, als er das Gewicht seines Schulranzens spürte, war die Leere, die ihn ausgefüllt hatte, wie ausgelöscht.

Auf der Nummer zehn prangten Gabel und Messer, aber nicht senkrecht, parallel zu einem Teller ausgerichtet, sondern über Kreuz wie die Säbel auf der Flagge von Piratenschiffen. Und Jonas wusste gleich, an wen er sich wenden musste: Herrn Hönerlage, den Wirt des Gasthauses *Zur Goldenen Lerche*. Denn unter dem Wappen, das eine Lerche zeigte, waren eben diese Symbole auf eben diese Weise abgebildet, Gabel und Messer, in der Mitte gekreuzt. Aber das Glück über die Erkenntnis wollte sich bei Jonas nicht einstellen. Er fürchtete, dass Hönerlage ihn ausfragen und er ihm diesmal, anders als bei der letzten Begegnung, nicht standhalten würde. Bisher hatten sich die Erwachsenen – abgesehen vom Vater – nicht besonders für den Kalender interessiert, zumindest nicht auf eine Weise, die ihn fürchten ließ, sie könnten ihm ihn wegnehmen. Der neugierige Hönerlage aber würde keine Ruhe geben, bis er das Geheimnis ergründet hatte. Und was Hönerlage einmal in Erfahrung brachte, das teilte er zwar leicht übertrieben, aber dennoch glaubhaft nach und nach der ganzen Stadt mit.

Hönerlage mochte es nicht, wenn man ihn als »Wirt« bezeichnete. »Das erinnert mich zu sehr an Krankheiten«, erklärte er, sobald ein Fremder nach ihm rief, um eine Bestellung aufzugeben. »Ich bin«, sagte er dann, eine Verbeugung andeutend, »– mit Verlaub – Gastronom.« Das klang fast wie ein Doktortitel – tatsächlich hatte er ein Diplom als Braumeister. Neben seinem Restaurant betrieb er nämlich noch eine Brauerei, in der er das Ravenhagener Lerchenbier braute, ein Starkbier, das selbst den Schweigsamsten zum Reden brachte. Aber davon würde Jonas nichts trinken. Vorsichtshalber auch nichts von der selbstgemachten Limonade. Oder der Fassbrause. Oder dem Apfelsaft. Er würde sich auch gar nicht erst auf ein Gespräch einlassen, sondern ihn einfach bitten, das Türchen zu öffnen, die Schokolade herauszuholen und fertig.

Als er aber nach der Chorprobe in die *Goldene Lerche* eintrat, war ihm, als hätte Hönerlage bereits auf ihn gewartet. »Ah, der kleine Klaasen wieder«, sagte er, weit über den Tresen gebeugt. »Wenn du zu Smolinski willst, der ist nicht da.« Er nickte zum Hinterzimmer hinüber. »Der war ganz schön bedient nach eurer letzten Begegnung. Ist hier rausgestürmt wie nur was. Und seitdem hat er sich nicht wieder blicken lassen.«

»Ich will nicht zu Smolinski.«

»So? Zu wem denn dann?«

»Zu Ihnen.«

»Oh, wie komme ich denn zu der Ehre?«

Anstatt ihm zu antworten, kletterte Jonas auf einen der Barhocker, stellte den Kalender auf die Theke, klappte ihn auf und wies auf das Türchen mit dem Besteck.

»Ein Kalender«, sagte Hönerlage und nahm den Kasten in Augenschein. »Und dann so ein schöner. Muss ein Vermögen wert sein. Ist der von Fahrenholz? Oder von deinem Vater?«

»Weder noch«, sagte Jonas.

»So? Nicht? Von wem denn dann?«

»Ich dachte, das könnten Sie mir sagen.«

»Ich? Wie kommst du denn darauf? Ich weiß von nichts. Ich erfahre doch immer alles als Letzter. Und so ein Ding wie das hier habe ich noch nie gesehen. Kann ich dir was zu trinken anbieten? Limo? Saft? Sprudel? Alles aus eigener Produktion.«

Jonas schüttelte den Kopf.

»Na, dann eben nicht«, sagte Hönerlage, »dann kann ich dir auch nicht weiterhelfen«, und wandte sich den Gläsern neben der Spüle zu, tauchte sie ins Wasser, stülpte sie über einen Schrubber und stellte sie zum Abtropfen auf ein Gitter.

»Na gut«, sagte Jonas. »Ein Wasser kann nicht schaden.« Wasser kam ihm am unverfänglichsten vor. »Aber nur ein halbes Glas.«

»Mit oder ohne Kohlensäure? Ohne kostet extra.«

»Dann mit.«

Hönerlage stellte ihm ein bis zum Rand gefülltes Glas Sprudel hin und wartete, bis Jonas daran genippt hatte. »Schön austrinken«, sagte er, und Jonas tat, wie ihm befohlen, und in dem Moment gab der Kalender ein Klacken von sich wie vor der Kirche am Sonntag, und die Zehn stand einen Spaltbreit offen. »Nanu«, sagte Hönerlage und griff mit zwei Fingern ins Dunkle hinein. »Was haben wir denn da?« Er zog ein Stück Schokolade hervor. »Ein I!« Er steckte wieder seine Finger hinein. »Kommt da noch was?« Aber so tief er auch mit seinen Fingern im Kalender herumkratzte – mehr war nicht drin. »Was hat das zu bedeuten? Ist das eine verschlüsselte Botschaft?« Hönerlage hielt das Stück Schokolade hoch. »Was war denn auf den anderen drauf?«

Jonas spürte wieder einen Anflug von Schwindel, wie in der Schneiderei, wie in der Parfümerie, und er hielt sich an der Theke fest, aus Angst, vom Hocker zu fallen.

»Du kannst es mir ruhig sagen«, sagte Hönerlage erwartungsvoll. »Ich werde es auch niemandem verraten.«

Jonas erhob sich vom Hocker und trat einen Schritt in den Raum hinein. Er wunderte sich, wie weich der Boden unter ihm war, das Holz war wie Moos, und er beugte sich herab, um darüber hinwegzustreichen. Aber da war kein Moos, und er richtete sich wieder auf, erschrocken und voller Reue, von dem Sprudel getrunken zu haben. Als er gerade gehen wollte, glaubte er, in einer der Nischen Maik Mirscheidt zu sehen, der Spange, dem Punkmädchen, die Haare färbte. An einem anderen Tisch saßen Herr Semrock und Frau Krawinkel zusammen und bastelten aus Zeugnissen Papierflieger. Dr. Ingenschmidt sang wie ein Fisch auf dem Trockenen – nach Luft schnappend, ohne einen Laut von sich zu geben. Frau Rottenkolber setzte sich ihre Gardine wie einen Schleier auf den Kopf. Die Ohlenforsts wedelten sich mit Tannenzweigen Luft zu.

Schlachter Herrenschräge spreizte die Ellenbogen ab, ging in die Knie und pfiff das Entenlied. Hildegard von Kleef schnupperte wie ein Hund an ihm herum. Herrn Siemsglüß, dem Ornithologen, flogen Spatzen aus den Jackettärmeln. Uhrmacher Brombacher drehte die Zeiger der Standuhr zurück. Herr Kleineidam, der Konditor, ließ Mehlstaub auf den Boden schneien und malte Gesichter hinein. Frau Menger-Ratsch trennte den Saum ihres Kleides auf und ging nach draußen, nur der Faden blieb zurück. Imker Horvath löffelte ein ganzes Glas Bienen leer, während ihm der Honig wie Schweiß von der Stirn troff. Fahrenholz, der Antiquitätenhändler, tanzte mit der alten Frau im dunklen Mantel Walzer, während der Nackthund hoch erhoben daneben stand und den Takt vorgab. Sonja und der Vater schrieben etwas auf ein Blatt Papier, das wie »FIZMARTI12« aussah. Und dann kam Smolinski herein und rief: »Ich kann sehen! Endlich kann ich sehen! Und ihr … ihr seht … seltsam aus! Ganz anders, als ich es gefühlt habe. Nicht wie Menschen. Wie Nackthunde. Und Nacktkatzen.«

»Ist dir nicht gut, Jonas?«, fragte Hönerlage, und da sah Jonas, dass der Raum leer war. Er nahm den Kalender von der Theke und wankte damit zur Tür. »Was ist mit der Schokolade?«, hörte er Hönerlage hinter sich fragen.

»Die ist für den Sprudel«, sagte Jonas, und raus war er. Die frische Luft tat ihm gut, aber zu Hause legte er sich gleich ins Bett. Was waren das für Visionen gewesen? Ein Blick in die Zukunft? Oder in die Vergangenheit? Lag es an der schlechten Luft in der *Goldenen Lerche*? Oder hatte Hönerlage ihm Zauberwasser gegeben?

11   Die drei Botschaften der Kalendrianer

Er sah alles vor sich. Sein Zimmer, die Eisblumen am Fenster, die Schnitzfiguren im Regal, den Kalender auf dem Nachttisch. Und Oppermann, wieder mit Pudelmütze, Bademantel, Schlappen, Schlafanzug und Kaffeetasse in der Hand. Er hatte den Eindruck, dass er seit ihrer letzten Begegnung gewachsen war. Aber das mochte auch an der mangelnden Distanz liegen, Oppermann stand direkt vor seinen Augen, keine fünf Zentimeter von ihm entfernt. »Aufstehen, junger Mann. Wenn Sie so weitermachen, verlieren wir noch einen ganzen Tag! Und das können wir uns nicht leisten!«

»Wir?«, fragte Jonas schläfrig.

»Wir Kalendrianer«, sagte Oppermann und nahm einen Schluck Kaffee. »Wir müssen nämlich die Welt retten. Und zwar heute noch!«

»Jetzt sofort?«, fragte Jonas. »Das kommt aber ein bisschen plötzlich.«

Und Oppermann sagte: »So was kommt immer plötzlich. Das ist ein Notfall. Das kann man sich nicht aussuchen. Und jetzt ziehen Sie sich was Warmes an, wir müssen los.«

Als Jonas aber aufstehen wollte, fühlte er sich wie gelähmt. Er warf sich hin und her und bewegte sich keinen Millimeter. Etwas lastete auf ihm. Je mehr er sich anstrengte hochzukommen, desto stärker war der Druck, der ihn im Bett hielt.

Der Vater rüttelte Jonas aus dem Schlaf. »Aufstehen, junger Mann. Wir sind spät dran. Draußen friert's, zieh dir was Warmes an.« Dann stapfte er mit schweren Stiefeln aus dem Zimmer.

Jonas sah zum Kalender hinüber. Das Türchen mit der Elf war geschlossen, darauf war ein Schlüsselbund abgebildet, einer wie jener, den Oppermann in der Tasche seines Bademantels hatte. Erst glaubte er, dass er die Begegnung mit Oppermann tatsächlich nur geträumt habe, aber dann nahm er den schwachen Duft von Kaffee wahr, und er beugte sich zum Kalender hin und flüsterte: »Herr Oppermann, Herr Oppermann, Sie können rauskommen, wir sind wieder allein.«

»Mit wem redest du denn da?« Sonja stand in ihrem Sonntagskleid in der Tür.

»Mit niemandem.« Jonas erhob sich und nahm seine Sachen vom Stuhl.

»Ich hab's doch gehört«, sagte sie.

»Gar nichts hast du.« Jonas schlüpfte in seine Hose, streifte sich Unterhemd und Pullover über, nahm den Kalender vom Nachttisch und ging an ihr vorbei ins Bad.

»Nimmst du den jetzt überallhin mit?«, fragte Sonja von draußen.

»Wenn's sein muss, schon«, sagte Jonas von drinnen.

»Das ist gemein«, hörte er seine Schwester sagen. Und dann, nach einer kurzen Pause: »Wer ist denn dieser Herr Oppermann?«

In der Kirche sang Jonas so, wie er es gelernt hatte, den Kopf erhoben, kraftvoll und klar, »Leise pieselt die Fee,« »Advent, Advent, ein Wichtlein brennt« und »Eilige Nacht,« aber nur am Anfang, nur die erste Strophe. Die Wiederholung machte jede Lust an der Veränderung zunichte. Außerdem brachte Sonja ihn aus dem Konzept: Von der Empore aus sah er, wie sie mit dem Mund immer wieder das Wort »Oppermann« formte.

Den Kalender hatte er auf Anweisung des Vaters zu Hause lassen müssen.

»Darum kümmere ich mich später«, hatte der Vater gesagt. »Das muss jetzt mal ein Ende haben. Du hast ja nichts anderes

mehr im Kopf. Von Frau Krawinkel weiß ich, dass deine Leistungen in der Schule zu Wünschen übrig lassen. Wünsche, die dir dein Kalender nicht erfüllen kann, sondern nur du selbst. ›Ohne Fleiß kein Preis‹, hat sie gesagt.«

Jonas hatte das Gefühl, dass ab jetzt alles anders werden würde, dass er Stärke beweisen und sich für oder gegen den Kalender entscheiden musste: Maik Mirscheidt lauerte ihm an jeder Straßenecke auf. Sonja wusste von Oppermann, und der Vater wollte den Kalender auseinandernehmen, um sich, wie er sagte, dessen »Verarbeitung genauer anzusehen«. Selbst wenn er so vorsichtig wie möglich vorgehen würde, fürchtete Jonas, dass die Magie dabei verloren gehen könnte. Der Sinn eines Adventskalenders bestand doch darin, jeden Tag ein Türchen zu öffnen – und nicht an einem Tag alle auf einmal. Ohne Überraschungen war das Leben doch langweilig. Und er war fest davon überzeugt, dass es noch einen anderen Weg ins Innere des Kalenders gab als durch das Einreißen der Wände. Vielleicht musste er sich gedanklich nur in den Kalender hineinversetzen, ihn fühlen, die Smolinski-Methode. Aber sosehr er sich auch anstrengte, es gelang ihm nicht.

Bevor die Glocken verklungen waren, schlich sich Jonas an Sonja und am Vater vorbei durch die Menschenmenge nach Haus. Als er Maik Mirscheidt vor ihrer Tür stehen sah, eine Zigarette zwischen den Lippen und eine pinkfarbene Tüte von *Le Nez* in der Hand, nahm er einen Umweg, kletterte über den Zaun in den Garten und gelangte über den Hintereingang, durch die Werkstatt in sein Zimmer.

»Na endlich«, sagte Oppermann. »Der Tag ist schon halb um, und wir haben noch nichts geschafft.«

»Dass Sie in dem Aufzug überhaupt etwas schaffen. Papa würde mir nie erlauben, so vor die Tür zu gehen.«

Oppermann trug nämlich immer noch Pudelmütze, Bademantel, Schlafanzug und Gummischlappen.

»Das ist meine Arbeitskleidung!«, protestierte Oppermann. »Und wo hier vor und hinter der Tür ist, ist eine Frage der Perspektive. Oder haben Sie schon mal Haustüren gesehen, die nach außen hin aufgehen?«

Darüber musste Jonas erst einmal eine Weile nachdenken. Währenddessen trank Oppermann einen Schluck Kaffee. Dann sagte er: »Na?«

»Mir fällt keine ein.«

»Na also.«

»Das heißt nicht, dass es keine gibt.«

»Natürlich heißt es das.«

»Was soll das nun wieder heißen?« Jonas zog seinen Anorak aus und setzte sich aufs Bett, um auch die Stiefel auszuziehen.

»Was machen Sie da?«, fragte Oppermann. »Lassen Sie das an. Es ist kalt, und da, wo wir hingehen, wird es noch kälter sein als hier.«

»Wo gehen wir denn hin?«

Aber anstatt darauf zu antworten, fragte Oppermann: »Haben Sie alle Zahlen und Buchstaben beisammen?«

»Sie meinen, die von der Schokolade?«

»Welche sonst?«

»Ein paar schon. Aber noch nicht alle.«

»Es sind ja auch noch nicht alle Türen offen.« Oppermann zog seinen Schlüsselbund aus der Tasche, klimperte damit herum und steckte ihn wieder ein. »Und wie lautet die erste Botschaft?«

»Welche Botschaft?«

»Die von den Schokoladenstückchen! Bringt man euch in der Schule denn gar nichts bei?«

Jonas dachte an seine Vision in der *Goldenen Lerche,* an das, was Sonja und der Vater notiert hatten, und sagte: »FIZMARTI12. Wenn das R ein R ist und kein B. Sonst BIZMAFTI12.«

»Nein, nein, nein«, sagte Oppermann, und dabei schüttelte er so heftig den Kopf, dass der Kaffee über den Tassenrand schwappte. »Anders. Ganz anders.«

»MIZBAFTI21.«

»Nein, nein, nein.« Wieder schüttelte er dabei heftig den Kopf, wieder schwappte der Kaffee über den Tassenrand. »Das war ein R und kein B. Und die Zahlen haben nichts mit den Buchstaben zu tun, oder nur insofern, als dass sie die Reihenfolge vorgeben: Die Eins steht für die erste Botschaft, die Zwei für die zweite usw. Die Eins lag versehentlich erst hinter dem zweiten Türchen. Wir haben hier zu wenig Personal. Vor allem im Vertrieb. Da gibt es immer wieder Probleme. Und das führt dann zu Missverständnissen. Und nicht geöffneten Türen. Ungelösten Rätseln. Traurigen Kindern. Wenn ich nicht wäre, würde noch viel mehr durcheinandergeraten. Immer bleibt alles an mir hängen. Immer muss ich alles klarstellen. Also: Das zweite I gehört schon zur zweiten Botschaft. Und dann gibt es noch eine dritte!«

Jonas wandte sich zum Fenster um. Unten vor der Tür stand der Vater mit Maik Mirscheidt. Er konnte es nicht fassen. Sie unterhielten sich, als wäre es das Normalste der Welt, als würden sie ständig beisammenstehen und übers Wetter sprechen.

»Wie lautet die erste Botschaft?«, fragte Oppermann ungeduldig.

»AFRIMZT!«, sagte Jonas. »ZIFTRAM! MITZARF! TRAMFIZ!«

»Nein, nein, nein«, sagte Oppermann zum dritten Mal. »Alles falsch. Total falsch. So wird das nichts.«

»Was war denn heute auf der Schokolade?«, fragte Jonas, der sich müde vom Rätseln aufs Bett gelegt hatte.

»Auf welcher Schokolade?« Oppermann fuhr sich durch den Elftagebart.

»Die hinter Ihrem Türchen.«

»Ach so, die. Ein R, glaub ich, wieder ein R, ist schon ein paar Tage her, dass ich draufgeschaut habe.«

»Dann schauen Sie doch noch mal nach.«

»Ja, also«, sagte Oppermann und kratzte sich am Hinterkopf. »Die Sache ist die …«

»Sie haben sie aufgegessen!«

»Nicht direkt«, sagte Oppermann und wischte mit seinem rechten Schlappen einen Schokokrümel weg. »Nicht auf einmal … Was steht die da auch so lange rum! Fünf Tage sind eine Ewigkeit! Und elf erst! Das ist mehr als eine doppelte Ewigkeit! Können Sie sich das vorstellen? … Was da alles passieren kann! Mit so einem Stück Schokolade im Flur. Die hätte geklaut werden können. Aber ich hab sie davor bewahrt. Ich hab sie gerettet.«

»Jetzt hab ich's«, sagte Jonas. »Jetzt kenn ich die erste Botschaft.«

Aber in dem Moment ging unten die Haustür auf, und er hörte den Vater sagen: »Der ist bestimmt oben, Maik. Geh ruhig hoch.«

12 Der Sturz in den Fluss

Dunkel und grau und kalt war es an diesem Montagmorgen. Von einem Tag auf den anderen waren Wolken aufgezogen, und die Temperatur war von zehn auf null gesackt. Alle Ravenhagener liefen in Erwartung des ersten Schnees noch dicker eingepackt durch die Stadt als ohnehin schon. Manche trugen zwei Lagen Kleidung übereinander. Jonas sah sie von seinem Zimmer aus wie aufgeblasen durch die Straßen stapfen, massige Körper mit kleinen Köpfen.

Er wandte sich dem Kalender zu. Auf dem Türchen des Tages war ein Hobel, und das verhieß nichts Gutes. Denn wenn er an Hobel dachte, dachte er an den Vater, und wenn er an den Vater dachte, dachte er an Rückwand abnehmen, Seitenteile aufhebeln, das Innere nach außen kehren.

»Mir ist schlecht«, sagte Jonas deshalb beim Frühstück. Er wollte den Kalender heute nicht aus den Augen lassen. »Ich glaub, ich hab Fieber.«

Daraufhin legte der Vater seine Hand auf Jonas' Stirn. »Papperlapapp! Du willst dich bloß vor der Schule drücken.«

»Mir ist auch schlecht«, sagte Sonja. »Ich hab Kopfschmerzen und Bauchweh, und beim Ballett hab ich mir den großen Zeh gestoßen. Ich kann gar nicht laufen.«

»Nichts da!«, sagte der Vater. »Ihr geht jetzt los. Alle beide. Und das Ding«, er zeigte auf den Kalender, »bleibt hier. Es wird Zeit, dass ihr euch wieder auf den Unterricht konzentriert – und nicht den lieben langen Tag mit Spielzeug beschäftigt. Das ist nicht der Sinn der Sache.«

»Das ist kein Spielzeug«, sagte Jonas.

»Was es ist, werden wir noch sehen. Los, Abmarsch!«

Den Weg zur Schule zögerte Jonas noch länger hinaus als sonst. Er wollte auf keinen Fall Maik Mirscheidt begegnen, der gestern in seinem Zimmer gestanden hatte, als wären sie beste Freunde. Jonas hatte sich mit dem Kalender gerade noch in den Kleiderschrank retten können und zwischen seine Hemden gequetscht gehofft, dass Oppermanns General-schlüssel ihm ein Tor in eine magische Welt öffnen würde, nach Mirachronia. Aber kaum hatte er die Schranktür hinter sich geschlossen, war Oppermann verschwunden und hatte keinen Mucks mehr von sich gegeben. »Hier oben ist er nicht«, hatte er Maik Mirscheidt sagen hören – nur wenige Zentime-ter von ihm entfernt.

»Dann kommt er wohl noch«, hatte der Vater von unten hochgerufen. »Du kannst gern hier auf ihn warten.«

»Nee. Ich warte woanders auf ihn.« Dann war jemand die Treppe hinuntergepoltert, die Haustür unten war zugeknallt, und Jonas war aus seinem Versteck gekrochen.

Was ihn an der Episode am stärksten beunruhigte, war die Tatsache, dass sich Smolinskis Prophezeiung »Bald wirst du Besuch bekommen« erfüllt hatte. Er fragte sich, in welcher Verbindung die beiden zueinander standen, ob der eine den anderen losgeschickt hatte, um sich an Jonas zu rächen, oder ob die Verbindung verschlungener war, weniger eindeutig.

Die Glocken der Totentäuferkirche schlugen achtmal an, Jonas sah sich um, wieder und wieder, aber Maik Mirscheidt war nirgends zu sehen, er lauerte ihm nicht einmal am Fahrrad-ständer vor der Schule auf. Im Sportunterricht ließ Herr Sem-rock Jonas wieder Strafrunden laufen, mehr als je zuvor. Und Frau Krawinkel rief ihn nach vorne und forderte ihn auf, die Teilbarkeitsregeln aufzusagen. »Nur gerade Zahlen sind durch zwei teilbar«, sagte Jonas ohne jede Betonung. »Ungerade nicht. Eine Zahl ist nur dann durch drei teilbar, wenn ihre Quersumme durch drei teilbar ist. Eine Zahl ist nur dann durch vier teilbar, wenn die aus den letzten zwei Ziffern gebildete Zahl durch vier teilbar ist …« Jonas kannte alle auswendig. Aber hinterher sagte er: »Mir ist schlecht. Ich glaub, ich hab Fieber.«

Frau Krawinkel legte ihre Hand auf seine Stirn – wie zwei Stunden zuvor schon der Vater. Jonas' Stirn glühte. Ob durch die Aufregung, an die Tafel gerufen worden zu sein, oder die Angst, den Kalender nicht mehr heil vorzufinden, wenn er nachmittags nach Hause kam, wusste er selbst nicht. »Ja, ein bisschen Temperatur ist da«, sagte Frau Krawinkel. »Vielleicht ist es wirklich besser, du kurierst das aus. Nicht, dass du Weihnachten im Bett liegst.«

Auf dem Nachhauseweg sah er, dass Schlachter Herrenschräge für Räucherschinken warb und Frau Menger-Ratsch alle Hände voll damit zu tun hatte, Mottenlöcher in Wollsachen auszubessern. Als Jonas an ihrem Fenster vorbeikam, blickte sie nur kurz auf, einen Faden im Mund, und wandte sich dann wieder ihrer Arbeit zu.

Der Vater war in der Werkstatt. Jonas hörte das Klopfen schon von der Haustür aus.

»Was machst du denn hier?«, fragte der Vater kauend, an der Werkbank stehend, mit Hammer und Stecheisen im Schein einer Lampe über den Kalender gebeugt.

»Was tust du da?« Jonas stürzte auf ihn zu. »Du machst ihn kaputt!«

Der Vater schluckte. Dann sagte er: »Nein, ich mache ihn auf.«

An der Ecke, das sah Jonas, als das Licht darauffiel, war eine Kerbe, eine leuchtende Wunde.

»Hör auf damit!«

»Du hast ja nichts anderes mehr im Kopf. Du bist ja ganz besessen von dem Ding. Das war nicht … Das sollte nicht … Ich will dir doch bloß helfen.«

»Dann lass ihn in Ruhe.«

»Jetzt hör mir mal zu, Jonas.« Der Vater legte das Werkzeug beiseite und bat ihn mit einer Handbewegung zu sich. Aber anstatt auf ihn zuzugehen, wich Jonas zurück, als fürchtete er, von ihm fürs Schwänzen bestraft zu werden, wenn er der Aufforderung, zu ihm zu kommen, nachgab. »Ich glaube, du nimmst die ganze Sache viel zu ernst. So ein Kalender, der soll doch Spaß machen, der soll doch die Vorfreude auf Weihnachten erhöhen. Oder meinetwegen die Spannung. Um die Zeit zu verkürzen. Und jetzt höre ich von Extrarunden in Sport. Und dass du in Mathe und Deutsch mit den Gedanken immer ganz woanders bist. Und Hönerlage meinte, dir wär vorgestern in der *Lerche* schwummrig geworden. Allmählich mach ich mir Sorgen um dich.«

»Musst du nicht.«

»Ich weiß, in letzter Zeit hab ich euch beide etwas vernachlässigt, Sonja und dich. Ich kann Oma nicht ersetzen. Und sie fehlt mir mindestens genauso sehr wie euch. Rund um Weihnachten ist immer viel zu tun. Jeder will eine Truhe oder eine Schatulle haben. Möbel müssen ausgebessert werden. Hier ein Tisch, da ein Stuhl. Eine Kommode, ein Schrank, ein Regal fürs Wohnzimmer. Die Leute sind verrückt. Immer auf den letzten Drücker. Das ganze Jahr über haben sie alle Zeit der Welt, aber kurz vor knapp kommen sie an und meinen, dass ich das eben schnell machen kann. Dazwischenschieben. ›Kannst du das eben mal dazwischenschieben?‹ Ich kann's nicht mehr hören. Als ob das möglich wär, als ob da was Gutes bei rauskommen würde. Die haben ja keine Ahnung, wie viel Vorlauf ich brauche, wie viel Zeit jedes einzelne Stück in Anspruch nimmt. Die Planung. Das Material. Die Ausführung. Hier«, er wies auf das aufgeschlagene Auftragsbuch neben dem Kalender, »alles voll. Und ich weiß gar nicht, wie ich das ohne Gesellen bis zum Fest alles schaffen soll. In diesem Jahr ist es besonders schlimm. Aber ich verspreche dir, danach wird es ruhiger. Und dann machen wir auch mal wieder einen Ausflug zusammen. Zum Paselsee. Oder zu den Schwarzen Bergen. In die Felsenburg. Da wolltet ihr doch immer schon mal hin.«

»Das sagst du jedes Mal.«

»Aber diesmal meine ich es auch so. Wenn die Reklamationen und Nachbesserungen durch sind, im neuen Jahr. Versprochen.«

»Auch das sagst du jedes Mal.«

Der Vater seufzte. »Jetzt mach's mir doch nicht so schwer.«

»Mach ich gar nicht.«

»Doch, das machst du. Ständig streitest du mit Sonja, und anstatt in der Schule zu sitzen, spionierst du mir nach.«

»Ich hab Fieber. Das hat Frau Krawinkel selbst gesagt.«

»Dann hat Frau Krawinkel wohl Fieber!«, sagte der Vater aufgebracht. »Mir machst du nichts vor.«

»Was hast du da eben eigentlich gekaut?« Jetzt war es Jonas, der einen versöhnlichen Ton anschlug.

»Ein Stück Schokolade. Aus dem Kalender. Stell dir vor, es kam raus, als ich dagegen geklopft habe. Und da dachte ich, mit etwas Geschick kriegt man vielleicht noch mehr aus dem Ding heraus.«

»Du darfst die Tage nicht überspringen.«

»Wer sagt das?«

Jonas wollte nicht von Oppermann anfangen. Er hatte Angst, der Vater könnte ihn für verrückt halten. Deshalb sagte er: »Das steht in der Kalenderordnung.«

»Soso. Und steht da vielleicht auch, dass man für den Kalender alles andere aufgeben soll? Dass man den überallhin mitschleppen muss? Dass man den behandeln soll wie einen Schatz? Wie etwas Heiliges? Das ist doch das Wunderbare: Im echten Leben kannst du die Tage nicht überspringen, aber hier schon. Hiermit kannst du der Zeit ein Schnippchen schlagen.

Hiermit kannst du zaubern und in die Zukunft reisen und alle Schokoladenstücke auf einmal haben.«

»Das ist kein Zaubern, das ist Betrug.«

»Nenn es, wie du willst. Dieser Wahnsinn muss ein Ende haben, sonst passiert noch was.«

»Was denn?«

»Was Schlimmes. So, und jetzt muss ich hier weitermachen. Und du gehst zur Schule zurück und sagst Frau Krawinkel, dass es dir besser geht.« Der Vater nahm Hammer und Stecheisen wieder auf, aber nicht, um seine Arbeit am Kalender fortzusetzen, sondern um sie in die Halterungen an der Wand zurückzustecken und sich einer Schatulle zu widmen, die neben dem Auftragsbuch lag und auf ihre letzte Politur wartete. Er griff nach einem Tuch und wischte damit über alle Flächen und begutachtete das Ergebnis im Schein der Lampe.

»Was war denn drauf?«, fragte Jonas.

»Wo drauf?«, fragte der Vater zurück, ohne sich zu ihm umzudrehen.

»Auf der Schokolade.«

»Ach so? War da was drauf?«

»Ja. Ein Buchstabe. Oder eine Zahl.«

»Ja, richtig. Ein S, glaube ich. Ist das wichtig?«

»Sehr wichtig.«

»Warum?«

»Weil … das ist ein Rätsel.«

»Was für ein Rätsel?«

»Das weiß ich nicht.«

»Von wem?« Der Vater war immer noch mit der Schatulle beschäftigt.

»Das weiß ich auch nicht … Papa?«

»Ja, Jonas.« Der Vater legte die Schatulle auf die Werkbank zurück, nahm einen Stift zur Hand und machte einen Haken im Auftragsbuch.

»Wenn man ein Wort mit sieben Buchstaben hat … nein, wenn man ein Wort mit sieben Buchstaben sucht … wenn man nicht weiß, wie das heißt … wenn man die Reihenfolge nicht kennt … wie viele Wörter können sich dann daraus ergeben? Ich meine … also … wenn man die anders anordnet.«

»Du meinst, die Buchstaben?«

»Ja.«

»Wie viele mögliche Wörter?«

»Ja, genau.«

»Das kommt drauf an.«

»Worauf?«

»Ob alle Buchstaben verschieden sind.«

»Sind sie.«

»Mal sehen.« Der Vater drehte sich zu Jonas um, ballte die Hände zu Fäusten und sprach leise vor sich hin. »Das ist sieben Fakultät. Sieben Stellen. Sieben mal sechs ist zweiundvierzig. Zweiundvierzig mal fünf ist zweihundertzehn. Zweihundertzehn mal vier ist achthundertvierzig. Achthundertvierzig mal drei ist«, er streckte den Daumen heraus, den Zeigefinger, »tausendsechshundertachtzig …«, den Mittelfinger, »… zweitausendfünfhundertzwanzig. Zweitausendfünfhundertzwanzig mal zwei ist fünftausendvierzig. Und das mal eins bleibt fünftausendvierzig. Fünftausendvierzig. Das sind fünftausendvierzig Möglichkeiten.«

»Fünftausendvierzig«, sagte Jonas schwach. Vor Entsetzen über die hohe Zahl machte er einen Schritt zurück und stieß gegen ein Regal voller Lacke und Öle und Farben. Die Eimer, die ganz am Rand standen, schwankten, fielen aber nicht herunter.

»Pass auf, wo du hintrittst.«

»Fünftausendvierzig«, sagte Jonas noch einmal.

»Aber in Wirklichkeit sind es viel weniger. Nicht alle Wörter ergeben einen Sinn. Manche klingen schön, obwohl sie nichts zu bedeuten haben. Abrakadabra zum Beispiel. Simsalabim. Und dann gibt es welche, die allermeisten, die sind ... die sind unaussprechlich ... Was sind das denn für Buchstaben?«

Jonas rief sich die Zahlen und Buchstaben ins Gedächtnis, M, 1, Z, A, I, R, F, T, 2, I, R, S. Doch bevor er etwas sagen konnte, klingelte es an der Haustür. Der Vater ging hin und sah nach, wer es war: eine Frau, eine Kundin, die eine Truhe bestellt hatte und sie abholen wollte. Jonas konnte nicht sehen, wer es war. Sie war im Flur stehen geblieben, und der Vater war ihr entgegengekommen, anstatt sie in die Werkstatt zu bitten.

»Ja, die ist fertig«, hörte er den Vater sagen. »Ist ganz hübsch geworden, trotz der Maserung.«

Und die Frau sagte: »Davon bin ich überzeugt.«

»Es gelingt nicht immer.«

»Ihnen schon.«

»Das Holz macht, was es will.«

Fünftausendvierzig Möglichkeiten, wie sollte er da die richtige finden? Ein paar Sekunden lang stand Jonas reglos da, dann schüttelte er den Gedanken ab, hörte die beiden nebenan noch immer reden und beschloss, die Ablenkung zu nutzen. Er nahm den Kalender von der Werkbank und lief damit, ohne aufzuschauen, an den beiden vorbei nach draußen. Er wusste nicht, wohin. Er dachte daran, sich in der Schneiderei zu verstecken oder mit den Nadschuras auf Tour zu gehen, aber beides kam ihm, je länger er darüber nachdachte, albern vor. Oma Dore würde ihn nach Geschäftsschluss nicht mehr im Laden dulden. Und die Künstler würden ihn zum Vater zurückbringen – schließlich hatte er ihnen einen Gefallen getan.

Also lief Jonas ziellos durch Ravenhagen, an *Uhren Brombacher, Antiquitäten Fahrenholz* und *Auto* und *Mode Niederstrasser* vorbei, bis er kurz vorm *Café Besenthal* auf die Große Brücke gelangte, die den ersten mit dem zweiten Bezirk ver-

band. Er schaute über die Balustrade. Unter ihm floss die Pasel träge dahin. Dünne Eisschollen trieben flussabwärts wie herausgebrochene Teile eines gigantischen weißen Puzzles. MZAIRFT Wie Worte in einem Meer aus Buchstaben. ZMAIRFT AMZIRFT Einige Enten kauerten, die Köpfe ins Gefieder gesteckt, am Ufer, blickten in Erwartung von Futter kurz zu ihm auf, und als sie merkten, dass Jonas ihnen nichts hinwarf, schlossen sie die Augen und schoben ihre Schnäbel in die Federn zurück. MAZIRFT ZAMIRFT AZMIRFT Jonas wollte eben weitergehen, da sah er auf der einen Seite der Brücke Maik Mirscheidt mit seinem Fahrrad, der Eichhörnchenschwanz hin und her pendelnd, und eine pinkfarbene Tüte am Lenker. IZMARFT ZIMARFT MIZARFT IMZARFT Jonas drehte sich um und rannte los, wollte in die andere Richtung fliehen, zur Treppe hin. ZMIARFT MZIARFT MAIZRFT AMIZRFT IMAZRFT Doch von dort kam ihm die alte Frau mit ihrem Nackthund entgegen. MIAZRFT AIMZRFT IAMZRFT IAZMRFT AIZMRFT ZIAMRFT Vor Schreck geriet Jonas ins Stolpern, und der Kalender flog im hohen Bogen in den Fluss. IZAMRFT AZIMRFT ZAIMRFT RAIMZFT ARIMZFT IRAMZFT RIAMZFT Tanzte auf den kleinen Wellen. AIRMZFT IARMZFT MARIZFT AMRIZFT RMAIZFT MRAIZFT ARMIZFT RAMIZFT Trieb mit dem Strom. RIMAZFT IRMAZFT MRIAZFT RMIAZFT IMRAZFT MIRAZFT MIARZFT IMARZFT AMIRZFT Nordwärts aus der Stadt hinaus. MAIRZFT IAMRZFT AIMRZFT ZIMRAFT IZMRAFT MZIRAFT ZMIRAFT IMZRAFT MIZRAFT RIZMAFT Maik Mirscheidt, der gesehen hatte, was passiert war, radelte auf der Straße hinter ihm her. IRZMAFT ZRIMAFT RZIMAFT IZRMAFT ZIRMAFT ZMRIAFT MZRIAFT RZMIAFT ZRMIAFT MRZIAFT RMZIAFT Jonas rannte an der alten Frau und dem bellenden Hund vorbei und nahm auf dem Weg

nach unten zwei Stufen auf einmal. RMIZAFT MRIZAFT
IRMZAFT RIMZAFT MIRZAFT IMRZAFT AMRZIFT
MARZIFT RAMZIFT ARMZIFT MRAZIFT RMAZIFT
Zwanzig, dreißig Meter lief er am Fluss entlang, in der Hoff-
nung, den Kalender irgendwo zu fassen zu kriegen. ZMARIFT
MZARIFT AZMRIFT ZAMRIFT MAZRIFT AMZRIFT
ARZMIFT RAZMIFT ZARMIFT AZRMIFT RZAMIFT
ZRAMIFT ZRMAIFT Er griff nach einem herabgefallenen
Ast und versuchte, ihn damit zu erreichen, aber der war nicht
lang genug. RZMAIFT MZRAIFT ZMRAIFT RMZAIFT
MRZAIFT IRZAMFT RIZAMFT ZIRAMFT IZRAMFT
RZIAMFT ZRIAMFT ARIZMFT RAIZMFT IARZMFT
Mit einem Fuß trat er auf eine der Eisschollen am Ufer, sie war
zu klein und zu dünn, als dass sie ihn hätte tragen können.
AIRZMFT RIAZMFT IRAZMFT IZARMFT ZIARMFT
AIZRMFT IAZRMFT ZAIRMFT AZIRMFT AZRIMFT
ZARIMFT RAZIMFT ARZIMFT ZRAIMFT RZAIMFT In
seinem Kopf rasten die Gedanken. FZAIMRT ZFAIMRT
AFZIMRT FAZIMRT ZAFIMRT AZFIMRT IZFAMRT
ZIFAMRT FIZAMRT IFZAMRT ZFIAMRT FZIAMRT
FAIZMRT AFIZMRT IFAZMRT FIAZMRT Was jetzt?
Wohin? Der Kalender. AIFZMRT IAFZMRT IAZFMRT
AIZFMRT ZIAFMRT IZAFMRT AZIFMRT ZAIFMRT
MAIFZRT AMIFZRT IMAFZRT MIAFZRT AIMFZRT
IAMFZRT FAMIZRT AFMIZRT MFAIZRT Maik Mir-
scheidt war schon auf der Treppe. FMAIZRT AMFIZRT
MAFIZRT MIFAZRT IMFAZRT FMIAZRT MFIAZRT
IFMAZRT FIMAZRT FIAMZRT IFAMZRT AFIMZRT
FAIMZRT IAFMZRT AIFMZRT ZIFMART IZFMART
FZIMART Und die alte Frau machte kehrt und rief ihrem
Hund etwas zu, das wie ein Kommando klang. ZFIMART
IFZMART FIZMART MIZFART IMZFART ZMIFART
MZIFART IZMFART ZIMFART ZFMIART FZMIART

MZFIART ZMFIART FMZIART MFZIART MFIZART
FMIZART IMFZART MIFZART An einer seichten Stelle
sprang Jonas ins Wasser. FIMZART IFMZART AFMZIRT
FAMZIRT MAFZIRT AMFZIRT FMAZIRT MFAZIRT
ZFAMIRT FZAMIRT AZFMIRT ZAFMIRT FAZMIRT
AFZMIRT AMZFIRT MAZFIRT ZAMFIRT AZMFIRT
MZAFIRT ZMAFIRT Er fühlte gleich, wie sich die Kälte um
ihn legte und ihm die Luft zum Atmen nahm, wie seine
schweren Wintersachen ihn nach unten zogen. ZMFAIRT
MZFAIRT FZMAIRT ZFMAIRT MFZAIRT FMZAIRT
IMZAFRT MIZAFRT ZIMAFRT IZMAFRT MZIAFRT
ZMIAFRT AMIZFRT MAIZFRT IAMZFRT AIMZFRT
MIAZFRT IMAZFRT IZAMFRT ZIAMFRT AIZMFRT
Egal, wie schnell er schwamm, der Kalender war schneller.
IAZMFRT ZAIMFRT AZIMFRT AZMIFRT ZAMIFRT
MAZIFRT AMZIFRT ZMAIFRT MZAIFRT MRAIFZT
RMAIFZT AMRIFZT MARIFZT RAMIFZT ARMIFZT
IRMAFZT RIMAFZT MIRAFZT IMRAFZT RMIAFZT
MRIAFZT MAIRFZT Bald war Jonas erschöpft. AMIRFZT
IMARFZT MIARFZT AIMRFZT IAMRFZT IARMFZT
AIRMFZT RIAMFZT IRAMFZT ARIMFZT RAIMFZT
FAIMRZT AFIMRZT IFAMRZT FIAMRZT AIFMRZT
IAFMRZT MAFIRZT AMFIRZT FMAIRZT MFAIRZT
AFMIRZT FAMIRZT Er musste ihn verloren geben.
FIMARZT IFMARZT MFIARZT FMIARZT IMFARZT
MIFARZT MIAFRZT IMAFRZT AMIFRZT MAIFRZT
IAMFRZT AIMFRZT RIMFAZT IRMFAZT MRIFAZT
RMIFAZT IMRFAZT MIRFAZT FIRMAZT IFRMAZT
RFIMAZT FRIMAZT IRFMAZT RIFMAZT Mit letzter
Kraft rettete er sich ans Ufer. RMFIAZT MRFIAZT
FRMIAZT RFMIAZT MFRIAZT FMRIAZT FMIRAZT
MFIRAZT IFMRAZT FIMRAZT MIFRAZT IMFRAZT
AMFRIZT MAFRIZT FAMRIZT AFMRIZT MFARIZT

FMARIZT RMAFIZT MRAFIZT ARMFIZT RAMFIZT
MARFIZT AMRFIZT AFRMIZT »Tja, Rotbacke«, sagte
Maik Mirscheidt über ihm. »Das war's dann wohl. Den kannst
du vergessen.« FARMIZT RAFMIZT ARFMIZT FRAMIZT
RFAMIZT RFMAIZT FRMAIZT MRFAIZT RMFAIZT
FMRAIZT MFRAIZT IFRAMZT FIRAMZT RIFAMZT
IRFAMZT FRIAMZT RFIAMZT AFIRMZT FAIRMZT
IAFRMZT AIFRMZT FIARMZT IFARMZT IRAFMZT
RIAFMZT AIRFMZT IARFMZT RAIFMZT ARIFMZT
ARFIMZT RAFIMZT FARIMZT RFAIMZT FRAIMZT
FRZIMAT RFZIMAT ZFRIMAT FZRIMAT RZFIMAT
ZRFIMAT IRFZMAT RIFZMAT FIRZMAT IFRZMAT
RFIZMAT FRIZMAT FZIRMAT ZFIRMAT IFZRMAT
FIZRMAT ZIFRMAT IZFRMAT IZRFMAT ZIRFMAT
RIZFMAT IRZFMAT ZRIFMAT RZIFMAT MZIFRAT
ZMIFRAT IMZFRAT MIZFRAT ZIMFRAT IZMFRAT
FZMIRAT ZFMIRAT MFZIRAT FMZIRAT ZMFIRAT
MZFIRAT MIFZRAT IMFZRAT FMIZRAT MFIZRAT
IFMZRAT FIMZRAT FIZMRAT IFZMRAT ZFIMRAT
FZIMRAT IZFMRAT ZIFMRAT RIFMZAT IRFMZAT
FRIMZAT RFIMZAT IFRMZAT FIRMZAT MIRFZAT
IMRFZAT RMIFZAT MRIFZAT IRMFZAT RIMFZAT
RFMIZAT FRMIZAT MRFIZAT RMFIZAT FMRIZAT
MFRIZAT MFIRZAT FMIRZAT IMFRZAT MIFRZAT
FIMRZAT IFMRZAT ZFMRIAT FZMRIAT MZFRIAT
ZMFRIAT FMZRIAT MFZRIAT RFZMIAT FRZMIAT
ZRFMIAT RZFMIAT FZRMIAT ZFRMIAT ZMRFIAT
MZRFIAT RZMFIAT ZRMFIAT MRZFIAT RMZFIAT
RMFZIAT MRFZIAT FRMZIAT RFMZIAT MFRZIAT
FMRZIAT IMRZFAT MIRZFAT RIMZFAT IRMZFAT
MRIZFAT RMIZFAT ZMIRFAT MZIRFAT IZMRFAT
ZIMRFAT MIZRFAT IMZRFAT IRZMFAT RIZMFAT
ZIRMFAT IZRMFAT RZIMFAT ZRIMFAT ZRMIFAT

RZMIFAT MZRIFAT ZMRIFAT RMZIFAT MRZIFAT
MRZAFIT RMZAFIT ZMRAFIT MZRAFIT RZMAFIT
ZRMAFIT ARMZFIT RAMZFIT MARZFIT AMRZFIT
RMAZFIT MRAZFIT MZARFIT ZMARFIT AMZRFIT
MAZRFIT ZAMRFIT AZMRFIT AZRMFIT ZARMFIT
RAZMFIT ARZMFIT ZRAMFIT RZAMFIT FZAMRIT
ZFAMRIT AFZMRIT FAZMRIT ZAFMRIT AZFMRIT
MZFARIT ZMFARIT FMZARIT MFZARIT ZFMARIT
FZMARIT FAMZRIT AFMZRIT MFAZRIT FMAZRIT
AMFZRIT MAFZRIT MAZFRIT AMZFRIT ZMAFRIT
MZAFRIT AZMFRIT ZAMFRIT RAMFZIT ARMFZIT
MRAFZIT RMAFZIT AMRFZIT MARFZIT FARMZIT
AFRMZIT RFAMZIT FRAMZIT ARFMZIT RAFMZIT
RMFAZIT MRFAZIT FRMAZIT RFMAZIT MFRAZIT
FMRAZIT FMARZIT MFARZIT AFMRZIT FAMRZIT
MAFRZIT AMFRZIT ZMFRAIT MZFRAIT FZMRAIT
ZFMRAIT MFZRAIT FMZRAIT RMZFAIT MRZFAIT
ZRMFAIT RZMFAIT MZRFAIT ZMRFAIT ZFRMAIT
FZRMAIT RZFMAIT ZRFMAIT FRZMAIT RFZMAIT
RFMZAIT FRMZAIT MRFZAIT RMFZAIT FMRZAIT
MFRZAIT AFRZMIT FARZMIT RAFZMIT ARFZMIT
FRAZMIT RFAZMIT ZFARMIT FZARMIT AZFRMIT
ZAFRMIT FAZRMIT AFZRMIT ARZFMIT RAZFMIT
ZARFMIT AZRFMIT RZAFMIT ZRAFMIT ZRFAMIT
RZFAMIT FZRAMIT ZFRAMIT RFZAMIT FRZAMIT
FRZAIMT RFZAIMT ZFRAIMT FZRAIMT RZFAIMT
ZRFAIMT ARFZIMT RAFZIMT FARZIMT AFRZIMT
RFAZIMT FRAZIMT FZARIMT ZFARIMT AFZRIMT
FAZRIMT ZAFRIMT AZFRIMT AZRFIMT ZARFIMT
RAZFIMT ARZFIMT ZRAFIMT RZAFIMT IZAFRMT
ZIAFRMT AIZFRMT IAZFRMT ZAIFRMT AZIFRMT
FZIARMT ZFIARMT IFZARMT FIZARMT ZIFARMT
IZFARMT IAFZRMT AIFZRMT FIAZRMT IFAZRMT
AFIZRMT FAIZRMT FAZIRMT AFZIRMT ZFAIRMT
FZAIRMT AZFIRMT ZAFIRMT RAFIZMT ARFIZMT
FRAIZMT RFAIZMT AFRIZMT FARIZMT IARFZMT
AIRFZMT RIAFZMT IRAFZMT ARIFZMT RAIFZMT
RFIAZMT FRIAZMT IRFAZMT RIFAZMT FIRAZMT

IFRAZMT	IFARZMT	FIARZMT	AIFRZMT	IAFRZMT
FAIRZMT	AFIRZMT	ZFIRAMT	FZIRAMT	IZFRAMT
ZIFRAMT	FIZRAMT	IFZRAMT	RFZIAMT	FRZIAMT
ZRFIAMT	RZFIAMT	FZRIAMT	ZFRIAMT	ZIRFAMT
IZRFAMT	RZIFAMT	ZRIFAMT	IRZFAMT	RIZFAMT
RIFZAMT	IRFZAMT	FRIZAMT	RFIZAMT	IFRZAMT
FIRZAMT	AIRZFMT	IARZFMT	RAIZFMT	ARIZFMT
IRAZFMT	RIAZFMT	ZIARFMT	IZARFMT	AZIRFMT
ZAIRFMT	IAZRFMT	AIZRFMT	ARZIFMT	RAZIFMT
ZARIFMT	AZRIFMT	RZAIFMT	ZRAIFMT	ZRIAFMT
RZIAFMT	IZRAFMT	ZIRAFMT	RIZAFMT	IRZAFMT
TRZAFMI	RTZAFMI	ZTRAFMI	TZRAFMI	RZTAFMI
ZRTAFMI	ARTZFMI	RATZFMI	TARZFMI	ATRZFMI
RTAZFMI	TRAZFMI	TZARFMI	ZTARFMI	ATZRFMI
TAZRFMI	ZATRFMI	AZTRFMI	AZRTFMI	ZARTFMI
RAZTFMI	ARZTFMI	ZRATFMI	RZATFMI	FZATRMI
ZFATRMI	AFZTRMI	FAZTRMI	ZAFTRMI	AZFTRMI
TZFARMI	ZTFARMI	FTZARMI	TFZARMI	ZFTARMI
FZTARMI	FATZRMI	AFTZRMI	TFAZRMI	FTAZRMI
ATFZRMI	TAFZRMI	TAZFRMI	ATZFRMI	ZTAFRMI
TZAFRMI	AZTFRMI	ZATFRMI	RATFZMI	ARTFZMI
TRAFZMI	RTAFZMI	ATRFZMI	TARFZMI	FARTZMI
AFRTZMI	RFATZMI	FRATZMI	ARFTZMI	RAFTZMI
RTFAZMI	TRFAZMI	FRTAZMI	RFTAZMI	TFRAZMI
FTRAZMI	FTARZMI	TFARZMI	AFTRZMI	FATRZMI
TAFRZMI	ATFRZMI	ZTFRAMI	TZFRAMI	FZTRAMI
ZFTRAMI	TFZRAMI	FTZRAMI	RTZFAMI	TRZFAMI
ZRTFAMI	RZTFAMI	TZRFAMI	ZTRFAMI	ZFRTAMI
FZRTAMI	RZFTAMI	ZRFTAMI	FRZTAMI	RFZTAMI
RFTZAMI	FRTZAMI	TRFZAMI	RTFZAMI	FTRZAMI
TFRZAMI	AFRZTMI	FARZTMI	RAFZTMI	ARFZTMI
FRAZTMI	RFAZTMI	ZFARTMI	FZARTMI	AZFRTMI
ZAFRTMI	FAZRTMI	AFZRTMI	ARZFTMI	RAZFTMI
ZARFTMI	AZRFTMI	RZAFTMI	ZRAFTMI	ZRFATMI
RZFATMI	FZRATMI	ZFRATMI	RFZATMI	FRZATMI
MRZATFI	RMZATFI	ZMRATFI	MZRATFI	RZMATFI
ZRMATFI	ARMZTFI	RAMZTFI	MARZTFI	AMRZTFI
RMAZTFI	MRAZTFI	MZARTFI	ZMARTFI	AMZRTFI
MAZRTFI	ZAMRTFI	AZMRTFI	AZRMTFI	ZARMTFI

RAZMTFI	ARZMTFI	ZRAMTFI	RZAMTFI	TZAMRFI
ZTAMRFI	ATZMRFI	TAZMRFI	ZATMRFI	AZTMRFI
MZTARFI	ZMTARFI	TMZARFI	MTZARFI	ZTMARFI
TZMARFI	TAMZRFI	ATMZRFI	MTAZRFI	TMAZRFI
AMTZRFI	MATZRFI	MAZTRFI	AMZTRFI	ZMATRFI
MZATRFI	AZMTRFI	ZAMTRFI	RAMTZFI	ARMTZFI
MRATZFI	RMATZFI	AMRTZFI	MARTZFI	TARMZFI
ATRMZFI	RTAMZFI	TRAMZFI	ARTMZFI	RATMZFI
RMTAZFI	MRTAZFI	TRMAZFI	RTMAZFI	MTRAZFI
TMRAZFI	TMARZFI	MTARZFI	ATMRZFI	TAMRZFI
MATRZFI	AMTRZFI	ZMTRAFI	MZTRAFI	TZMRAFI
ZTMRAFI	MTZRAFI	TMZRAFI	RMZTAFI	MRZTAFI
ZRMTAFI	RZMTAFI	MZRTAFI	ZMRTAFI	ZTRMAFI
TZRMAFI	RZTMAFI	ZRTMAFI	TRZMAFI	RTZMAFI
RTMZAFI	TRMZAFI	MRTZAFI	RMTZAFI	TMRZAFI
MTRZAFI	ATRZMFI	TARZMFI	RATZMFI	ARTZMFI
TRAZMFI	RTAZMFI	ZTARMFI	TZARMFI	AZTRMFI
ZATRMFI	TAZRMFI	ATZRMFI	ARZTMFI	RAZTMFI
ZARTMFI	AZRTMFI	RZATMFI	ZRATMFI	ZRTAMFI
RZTAMFI	TZRAMFI	ZTRAMFI	RTZAMFI	TRZAMFI
TFZAMRI	FTZAMRI	ZTFAMRI	TZFAMRI	FZTAMRI
ZFTAMRI	AFTZMRI	FATZMRI	TAFZMRI	ATFZMRI
FTAZMRI	TFAZMRI	TZAFMRI	ZTAFMRI	ATZFMRI
TAZFMRI	ZATFMRI	AZTFMRI	AZFTMRI	ZAFTMRI
FAZTMRI	AFZTMRI	ZFATMRI	FZATMRI	MZATFRI
ZMATFRI	AMZTFRI	MAZTFRI	ZAMTFRI	AZMTFRI
TZMAFRI	ZTMAFRI	MTZAFRI	TMZAFRI	ZMTAFRI
MZTAFRI	MATZFRI	AMTZFRI	TMAZFRI	MTAZFRI
ATMZFRI	TAMZFRI	TAZMFRI	ATZMFRI	ZTAMFRI
TZAMFRI	AZTMFRI	ZATMFRI	FATMZRI	AFTMZRI
TFAMZRI	FTAMZRI	ATFMZRI	TAFMZRI	MAFTZRI
AMFTZRI	FMATZRI	MFATZRI	AFMTZRI	FAMTZRI
FTMAZRI	TFMAZRI	MFTAZRI	FMTAZRI	TMFAZRI
MTFAZRI	MTAFZRI	TMAFZRI	AMTFZRI	MATFZRI
TAMFZRI	ATMFZRI	ZTMFARI	TZMFARI	MZTFARI
ZMTFARI	TMZFARI	MTZFARI	FTZMARI	TFZMARI
ZFTMARI	FZTMARI	TZFMARI	ZTFMARI	ZMFTARI
MZFTARI	FZMTARI	ZFMTARI	MFZTARI	FMZTARI
FMTZARI	MFTZARI	TFMZARI	FTMZARI	MTFZARI
TMFZARI	AMFZTRI	MAFZTRI	FAMZTRI	AFMZTRI
MFAZTRI	FMAZTRI	ZMAFTRI	MZAFTRI	AZMFTRI

ZAMFTRI MAZFTRI AMZFTRI AFZMTRI FAZMTRI ZAFMTRI
AZFMTRI FZAMTRI ZFAMTRI ZFMATRI FZMATRI MZFATRI
ZMFATRI FMZATRI MFZATRI MFRATZI FMRATZI RMFATZI
MRFATZI FRMATZI RFMATZI AFMRTZI FAMRTZI MAFRTZI
AMFRTZI FMARTZI MFARTZI MRAFTZI RMAFTZI AMRFTZI
MARFTZI RAMFTZI ARMFTZI ARFMTZI RAFMTZI FARMTZI
AFRMTZI RFAMTZI FRAMTZI TRAMFZI RTAMFZI ATRMFZI
TARMFZI RATMFZI ARTMFZI MRTAFZI RMTAFZI TMRAFZI
MTRAFZI RTMAFZI TRMAFZI TAMRFZI ATMRFZI MTARFZI
TMARFZI AMTRFZI MATRFZI MARTFZI AMRTFZI RMATFZI
MRATFZI ARMTFZI RAMTFZI FAMTRZI AFMTRZI MFATRZI
FMATRZI AMFTRZI MAFTRZI TAFMRZI ATFMRZI FTAMRZI
TFAMRZI AFTMRZI FATMRZI FMTARZI MFTARZI TFMARZI
FTMARZI MTFARZI TMFARZI TMAFRZI MTAFRZI ATMFRZI
TAMFRZI MATFRZI AMTFRZI RMTFAZI MRTFAZI TRMFAZI
RTMFAZI MTRFAZI TMRFAZI FMRTAZI MFRTAZI RFMTAZI
FRMTAZI MRFTAZI RMFTAZI RTFMAZI TRFMAZI FRTMAZI
RFTMAZI TFRMAZI FTRMAZI FTMRAZI TFMRAZI MFTRAZI
FMTRAZI TMFRAZI MTFRAZI ATFRMZI TAFRMZI FATRMZI
AFTRMZI TFARMZI FTARMZI RTAFMZI TRAFMZI ARTFMZI
RATFMZI TARFMZI ATRFMZI AFRTMZI FARTMZI RAFTMZI
ARFTMZI FRATMZI RFATMZI RFTAMZI FRTAMZI TRFAMZI
RTFAMZI FTRAMZI TFRAMZI TFRZMAI FTRZMAI RTFZMAI
TRFZMAI FRTZMAI RFTZMAI ZFTRMAI FZTRMAI TZFRMAI
ZTFRMAI FTZRMAI TFZRMAI TRZFMAI RTZFMAI ZTRFMAI
TZRFMAI RZTFMAI ZRTFMAI ZRFTMAI RZFTMAI FZRTMAI
ZFRTMAI RFZTMAI FRZTMAI MRZTFAI RMZTFAI ZMRTFAI
MZRTFAI RZMTFAI ZRMTFAI TRMZFAI RTMZFAI MTRZFAI
TMRZFAI RMTZFAI MRTZFAI MZTRFAI ZMTRFAI TMZRFAI
MTZRFAI ZTMRFAI TZMRFAI TZRMFAI ZTRMFAI RTZMFAI
TRZMFAI ZRTMFAI RZTMFAI FZTMRAI ZFTMRAI TFZMRAI
FTZMRAI ZTFMRAI TZFMRAI MZFTRAI ZMFTRAI FMZTRAI
MFZTRAI ZFMTRAI FZMTRAI FTMZRAI TFMZRAI MFTZRAI
FMTZRAI TMFZRAI MTFZRAI MTZFRAI TMZFRAI ZMTFRAI
MZTFRAI TZMFRAI ZTMFRAI RTMFZAI TRMFZAI MRTFZAI
RMTFZAI TMRFZAI MTRFZAI FTRMZAI TFRMZAI RFTMZAI
FRTMZAI TRFMZAI RTFMZAI RMFTZAI MRFTZAI FRMTZAI
RFMTZAI MFRTZAI FMRTZAI FMTRZAI MFTRZAI TFMRZAI
FTMRZAI MTFRZAI TMFRZAI ZMFRTAI MZFRTAI FZMRTAI
ZFMRTAI MFZRTAI FMZRTAI RMZFTAI MRZFTAI ZRMFTAI
RZMFTAI MZRFTAI ZMRFTAI ZFRMTAI FZRMTAI RZFMTAI

ZRFMTAI FRZMTAI RFZMTAI RFMZTAI FRMZTAI MRFZTAI
RMFZTAI FMRZTAI MFRZTAI MFRZATI FMRZATI RMFZATI
MRFZATI FRMZATI RFMZATI ZFMRATI FZMRATI MZFRATI
ZMFRATI FMZRATI MFZRATI MRZFATI RMZFATI ZMRFATI
MZRFATI RZMFATI ZRMFATI ZRFMATI RZFMATI FZRMATI
ZFRMATI RFZMATI FRZMATI ARZMFTI RAZMFTI ZARMFTI
AZRMFTI RZAMFTI ZRAMFTI MRAZFTI RMAZFTI AMRZFTI
MARZFTI RAMZFTI ARMZFTI AZMRFTI ZAMRFTI MAZRFTI
AMZRFTI ZMARFTI MZARFTI MZRAFTI ZMRAFTI RMZAFTI
MRZAFTI ZRMAFTI RZMAFTI FZMARTI ZFMARTI MFZARTI
FMZARTI ZMFARTI MZFARTI AZFMRTI ZAFMRTI FAZMRTI
AFZMRTI ZFAMRTI FZAMRTI FMAZRTI MFAZRTI AFMZRTI
FAMZRTI MAFZRTI AMFZRTI AMZFRTI MAZFRTI ZAMFRTI
AZMFRTI MZAFRTI ZMAFRTI RMAFZTI MRAFZTI ARMFZTI
RAMFZTI MARFZTI AMRFZTI FMRAZTI MFRAZTI RFMAZTI
FRMAZTI MRFAZTI RMFAZTI RAFMZTI ARFMZTI FRAMZTI
RFAMZTI AFRMZTI FARMZTI FAMRZTI AFMRZTI MFARZTI
FMARZTI AMFRZTI MAFRZTI ZAFRMTI AZFRMTI FZARMTI
ZFARMTI AFZRMTI FAZRMTI RAZFMTI ARZFMTI ZRAFMTI
RZAFMTI AZRFMTI ZARFMTI ZFRAMTI FZRAMTI RZFAMTI
ZRFAMTI FRZAMTI RFZAMTI RFAZMTI FRAZMTI ARFZMTI
RAFZMTI FARZMTI AFRZMTI IFRZMTA FIRZMTA RIFZMTA
IRFZMTA FRIZMTA RFIZMTA ZFIRMTA FZIRMTA IZFRMTA
ZIFRMTA FIZRMTA IFZRMTA IRZFMTA RIZFMTA ZIRFMTA
IZRFMTA RZIFMTA ZRIFMTA ZRFIMTA RZFIMTA FZRIMTA
ZFRIMTA RFZIMTA FRZIMTA MRZIFTA RMZIFTA ZMRIFTA
MZRIFTA RZMIFTA ZRMIFTA IRMZFTA RIMZFTA MIRZFTA
IMRZFTA RMIZFTA MRIZFTA MZIRFTA ZMIRFTA IMZRFTA
MIZRFTA ZIMRFTA IZMRFTA IZRMFTA ZIRMFTA RIZMFTA
IRZMFTA ZRIMFTA RZIMFTA FZIMRTA ZFIMRTA IFZMRTA
FIZMRTA ZIFMRTA IZFMRTA MZFIRTA ZMFIRTA FMZIRTA
MFZIRTA ZFMIRTA FZMIRTA FIMZRTA IFMZRTA MFIZRTA
FMIZRTA IMFZRTA MIFZRTA MIZFRTA IMZFRTA ZMIFRTA
MZIFRTA IZMFRTA ZIMFRTA RIMFZTA IRMFZTA MRIFZTA
RMIFZTA IMRFZTA MIRFZTA FIRMZTA IFRMZTA RFIMZTA
FRIMZTA IRFMZTA RIFMZTA RMFIZTA MRFIZTA FRMIZTA
RFMIZTA MFRIZTA FMRIZTA FMIRZTA MFIRZTA IFMRZTA
FIMRZTA MIFRZTA IMFRZTA ZMFRITA MZFRITA FZMRITA
ZFMRITA MFZRITA FMZRITA RMZFITA MRZFITA ZRMFITA
RZMFITA MZRFITA ZMRFITA ZFRMITA FZRMITA RZFMITA
ZRFMITA FRZMITA RFZMITA RFMZITA FRMZITA MRFZITA
RMFZITA FMRZITA MFRZITA TFRZIMA FTRZIMA RTFZIMA
TRFZIMA FRTZIMA RFTZIMA ZFTRIMA FZTRIMA TZFRIMA

ZTFRIMA FTZRIMA TFZRIMA TRZFIMA RTZFIMA ZTRFIMA TZRFIMA
RZTFIMA ZRTFIMA ZRFTIMA RZFTIMA FZRTIMA ZFRTIMA RFZTIMA
FRZTIMA IRZTFMA RIZTFMA ZIRTFMA IZRTFMA RZITFMA ZRITFMA
TRIZFMA RTIZFMA ITRZFMA TIRZFMA RITZFMA IRTZFMA IZTRFMA
ZITRFMA TIZRFMA ITZRFMA ZTIRFMA TZIRFMA TZRIFMA ZTRIFMA
RTZIFMA TRZIFMA ZRTIFMA RZTIFMA FZTIRMA ZFTIRMA TFZIRMA
FTZIRMA ZTFIRMA TZFIRMA IZFTRMA ZIFTRMA FIZTRMA IFZTRMA
ZFITRMA FZITRMA FTIZRMA TFIZRMA IFTZRMA FITZRMA TIFZRMA
ITFZRMA ITZFRMA TIZFRMA ZITFRMA IZTFRMA TZIFRMA ZTIFRMA
RTIFZMA TRIFZMA IRTFZMA RITFZMA TIRFZMA ITRFZMA FTRIZMA
TFRIZMA RFTIZMA FRTIZMA TRFIZMA RTFIZMA RIFTZMA IRFTZMA
FRITZMA RFITZMA IFRTZMA FIRTZMA FITRZMA IFTRZMA TFIRZMA
FTIRZMA ITFRZMA TIFRZMA ZIFRTMA IZFRTMA FZIRTMA ZFIRTMA
IFZRTMA FIZRTMA RIZFTMA IRZFTMA ZRIFTMA RZIFTMA IZRFTMA
ZIRFTMA ZFRITMA FZRITMA RZFITMA ZRFITMA FRZITMA RFZITMA
RFIZTMA FRIZTMA IRFZTMA RIFZTMA FIRZTMA IFRZTMA IMRZTFA
MIRZTFA RIMZTFA IRMZTFA MRIZTFA RMIZTFA ZMIRTFA MZIRTFA
IZMRTFA ZIMRTFA MIZRTFA IMZRTFA IRZMTFA RIZMTFA ZIRMTFA
IZRMTFA RZIMTFA ZRIMTFA ZRMITFA RZMITFA MZRITFA ZMRITFA
RMZITFA MRZITFA TRZIMFA RTZIMFA ZTRIMFA TZRIMFA RZTIMFA
ZRTIMFA IRTZMFA RITZMFA TIRZMFA ITRZMFA RTIZMFA TRIZMFA
TZIRMFA ZTIRMFA ITZRMFA TIZRMFA ZITRMFA IZTRMFA IZRTMFA
ZIRTMFA RIZTMFA IRZTMFA ZRITMFA RZITMFA MZITRFA ZMITRFA
IMZTRFA MIZTRFA ZIMTRFA IZMTRFA TZMIRFA ZTMIRFA MTZIRFA
TMZIRFA ZMTIRFA MZTIRFA MITZRFA IMTZRFA TMIZRFA MTIZRFA
ITMZRFA TIMZRFA TIZMRFA ITZMRFA ZTIMRFA TZIMRFA IZTMRFA
ZITMRFA RITMZFA IRTMZFA TRIMZFA RTIMZFA ITRMZFA TIRMZFA
MIRTZFA IMRTZFA RMITZFA MRITZFA IRMTZFA RIMTZFA RTMIZFA
TRMIZFA MRTIZFA RMTIZFA TMRIZFA MTRIZFA MTIRZFA TMIRZFA
IMTRZFA MITRZFA TIMRZFA ITMRZFA ZTMRIFA TZMRIFA MZTRIFA
ZMTRIFA TMZRIFA MTZRIFA RTZMIFA TRZMIFA ZRTMIFA RZTMIFA
TZRMIFA ZTRMIFA ZMRTIFA MZRTIFA RZMTIFA ZRMTIFA MRZTIFA
RMZTIFA RMTZIFA MRTZIFA TRMZIFA RTMZIFA MTRZIFA TMRZIFA
TMFZIRA MTFZIRA FTMZIRA TFMZIRA MFTZIRA FMTZIRA ZMTFIRA
MZTFIRA TZMFIRA ZTMFIRA MTZFIRA TMZFIRA TFZMIRA FTZMIRA
ZTFMIRA TZFMIRA FZTMIRA ZFTMIRA ZFMTIRA FZMTIRA MZFTIRA
ZMFTIRA FMZTIRA MFZTIRA IFZTMRA FIZTMRA ZIFTMRA IZFTMRA
FZITMRA ZFITMRA TFIZMRA FTIZMRA ITFZMRA TIFZMRA FITZMRA
IFTZMRA IZTFMRA ZITFMRA TIZFMRA ITZFMRA ZTIFMRA TZIFMRA
TZFIMRA ZTFIMRA FTZIMRA TFZIMRA ZFTIMRA FZTIMRA MZTIFRA
ZMTIFRA TMZIFRA MTZIFRA ZTMIFRA TZMIFRA IZMTFRA ZIMTFRA
MIZTFRA IMZTFRA ZMITFRA MZITFRA MTIZFRA TMIZFRA IMTZFRA
MITZFRA TIMZFRA ITMZFRA ITZMFRA TIZMFRA ZITMFRA IZTMFRA
TZIMFRA ZTIMFRA FTIMZRA TFIMZRA IFTMZRA FITMZRA TIFMZRA
ITFMZRA MTFIZRA TMFIZRA FMTIZRA MFTIZRA TFMIZRA FTMIZRA

96

FIMTZRA IFMTZRA MFITZRA FMITZRA IMFTZRA MIFTZRA MITFZRA
IMTFZRA TMIFZRA MTIFZRA ITMFZRA TIMFZRA ZIMFTRA IZMFTRA
MZIFTRA ZMIFTRA ZIMFTRA MIZFTRA FIZMTRA IFZMTRA ZFIMTRA
FZIMTRA IZFMTRA ZIFMTRA ZMFITRA MZFITRA FZMITRA ZFMITRA
MFZITRA FMZITRA FMIZTRA MFIZTRA IFMZTRA FIMZTRA MIFZTRA
IMFZTRA IMFRTZA MIFRTZA FIMRTZA IFMRTZA MFIRTZA FMIRTZA
RMIFTZA MRIFTZA IRMFTZA RIMFTZA MIRFTZA IMRFTZA IFRMTZA
FIRMTZA RIFMTZA IRFMTZA FRIMTZA RFIMTZA RFMITZA FRMITZA
MRFITZA RMFITZA FMRITZA MFRITZA TFRIMZA FTRIMZA RTFIMZA
TRFIMZA FRTIMZA RFTIMZA IFTRMZA FITRMZA TIFRMZA ITFRMZA
FTIRMZA TFIRMZA TRIFMZA RTIFMZA ITRFMZA TIRFMZA RITFMZA
IRTFMZA IRFTMZA RIFTMZA FIRTMZA IFRTMZA RFITMZA FRITMZA
MRITFZA RMITFZA IMRTFZA MIRTFZA RIMTFZA IRMTFZA TRMIFZA
RTMIFZA MTRIFZA TMRIFZA RMTIFZA MRTIFZA MITRFZA IMTRFZA
TMIRFZA MTIRFZA ITMRFZA TIMRFZA TIRMFZA ITRMFZA RTIMFZA
TRIMFZA IRTMFZA RITMFZA FITMRZA IFTMRZA TFIMRZA FTIMRZA
ITFMRZA TIFMRZA MIFTRZA IMFTRZA FMITRZA MFITRZA IFMTRZA
FIMTRZA FTMIRZA TFMIRZA MFTIRZA FMTIRZA TMFIRZA MTFIRZA
MTIFRZA TMIFRZA IMTFRZA MITFRZA TIMFRZA ITMFRZA RTMFIZA
TRMFIZA MRTFIZA RMTFIZA TMRFIZA MTRFIZA FTRMIZA TFRMIZA
RFTMIZA FRTMIZA TRFMIZA RTFMIZA RMFTIZA MRFTIZA FRMTIZA
RFMTIZA MFRTIZA FMRTIZA FMTRIZA MFTRIZA TFMRIZA FTMRIZA
MTFRIZA TMFRIZA TMFRZIA MTFRZIA FTMRZIA TFMRZIA MFTRZIA
FMTRZIA RMTFZIA MRTFZIA TRMFZIA RTMFZIA MTRFZIA TMRFZIA
TFRMZIA FTRMZIA RTFMZIA TRFMZIA FRTMZIA RFTMZIA RFMTZIA
FRMTZIA MRFTZIA RMFTZIA FMRTZIA MFRTZIA ZFRTMIA ZRFTMIA
RZFTMIA ZRFTMIA FRZTMIA RFZTMIA TFZRMIA FTZRMIA ZTFRMIA
TZFRMIA FZTRMIA ZFTRMIA ZRTFMIA RZTFMIA TZRFMIA ZTRFMIA
RTZFMIA TRZFMIA TRFZMIA RTFZMIA FTRZMIA TFRZMIA RFTZMIA
FRTZMIA MRTZFIA RMTZFIA TMRZFIA MTRZFIA RTMZFIA TRMZFIA
ZRMTFIA RZMTFIA MZRTFIA ZMRTFIA RMZTFIA MRZTFIA MTZRFIA
TMZRFIA ZMTRFIA MZTRFIA TZMRFIA ZTMRFIA ZTRMFIA TZRMFIA
RZTMFIA ZRTMFIA TRZMFIA RTZMFIA FTZMRIA TFZMRIA ZFTMRIA
FZTMRIA TZFMRIA ZTFMRIA MTFZRIA TMFZRIA FMTZRIA MFTZRIA
TFMZRIA FTMZRIA FZMTRIA ZFMTRIA MFZTRIA FMZTRIA ZMFTRIA
MZFTRIA MZTFRIA ZMTFRIA TMZFRIA MTZFRIA ZTMFRIA TZMFRIA
RZMFTIA ZRMFTIA MRZFTIA RMZFTIA ZMRFTIA MZRFTIA FZRMTIA
ZFRMTIA RFZMTIA FRZMTIA ZRFMTIA RZFMTIA RMFZTIA MRFZTIA
FRMZTIA RFMZTIA MFRZTIA FMRZTIA FMZRTIA MFZRTIA ZFMRTIA
FZMRTIA MZFRTIA ZMFRTIA AMFRTIZ MAFRTIZ FAMRTIZ AFMRTIZ
MFARTIZ FMARTIZ RMAFTIZ MRAFTIZ ARMFTIZ RAMFTIZ MARFTIZ
AMRFTIZ AFRMTIZ FARMTIZ RAFMTIZ ARFMTIZ FRAMTIZ RFAMTIZ
RFMATIZ FRMATIZ MRFATIZ RMFATIZ FMRATIZ MFRATIZ TFRAMIZ
FTRAMIZ RTFAMIZ TRFAMIZ FRTAMIZ RFTAMIZ AFTRMIZ FATRMIZ
TAFRMIZ ATFRMIZ FTARMIZ TFARMIZ TRAFMIZ RTAFMIZ ATRFMIZ
TARFMIZ RATFMIZ ARTFMIZ ARFTMIZ RAFTMIZ FARTMIZ AFRTMIZ
RFATMIZ FRATMIZ MRATFIZ RMATFIZ AMRTFIZ MARTFIZ RAMTFIZ

ARMTFIZ TRMAFIZ RTMAFIZ MTRAFIZ TMRAFIZ RMTAFIZ MRTAFIZ MATRFIZ
AMTRFIZ TMARFIZ MTARFIZ ATMRFIZ TAMRFIZ TARMFIZ ATRMFIZ RTAMFIZ
ARTMFIZ RATMFIZ FATMRIZ AFTMRIZ TFAMRIZ FTAMRIZ ATFMRIZ TAFMRIZ
MAFTRIZ AMFTRIZ FMATRIZ MFATRIZ AFMTRIZ FAMTRIZ FTMARIZ TFMARIZ
MFTARIZ FMTARIZ TMFARIZ MTFARIZ MTAFRIZ TMAFRIZ AMTFRIZ MATFRIZ
TAMFRIZ ATMFRIZ RTMFAIZ TRMFAIZ MRTFAIZ RMTFAIZ TMRFAIZ MTRFAIZ
FTRMAIZ TFRMAIZ RFTMAIZ FRTMAIZ TRFMAIZ RTFMAIZ RMFTAIZ MRFTAIZ
FRMTAIZ RFMTAIZ MFRTAIZ FMRTAIZ FMTRAIZ MFTRAIZ TFMRAIZ FTMRAIZ
MTFRAIZ TMFRAIZ IMFRATZ MIFRATZ FIMRATZ IFMRATZ MFIRATZ FMIRATZ
RMIFATZ MRIFATZ IRMFATZ RIMFATZ MIRFATZ IMRFATZ IFRMATZ FIRMATZ
RIFMATZ IRFMATZ FRIMATZ RFIMATZ RFMIATZ FRMIATZ MRFIATZ RMFIATZ
FMRIATZ MFRIATZ AFRIMTZ FARIMTZ RAFIMTZ ARFIMTZ FRAIMTZ RFAIMTZ
IFARMTZ FIARMTZ AIFRMTZ IAFRMTZ FAIRMTZ AFIRMTZ ARIFMTZ RAIFMTZ
IARFMTZ AIRFMTZ RIAFMTZ IRAFMTZ IRFAMTZ RIFAMTZ FIRAMTZ IFRAMTZ
RFIAMTZ FRIAMTZ MRIAFTZ RMIAFTZ IMRAFTZ MIRAFTZ RIMAFTZ IRMAFTZ
ARMIFTZ RAMIFTZ MARIFTZ AMRIFTZ RMAIFTZ MRAIFTZ MIARFTZ IMARFTZ
AMIRFTZ MAIRFTZ IAMRFTZ AIMRFTZ AIRMFTZ IARMFTZ RAIMFTZ ARIMFTZ
IRAMFTZ RIAMFTZ FIAMRTZ IFAMRTZ AFIMRTZ FAIMRTZ IAFMRTZ AIFMRTZ
MIFARTZ IMFARTZ FMIARTZ MFIARTZ IFMARTZ FIMARTZ FAMIRTZ AFMIRTZ
MFAIRTZ FMAIRTZ AMFIRTZ MAFIRTZ MAIFRTZ AMIFRTZ IMAFRTZ MIAFRTZ
AIMFRTZ IAMFRTZ ARMFITZ MRAFITZ RMAFITZ AMRFITZ MARFITZ FARMITZ
AFRMITZ RFAMITZ FRAMITZ ARFMITZ RAFMITZ RMFAITZ MRFAITZ FRMAITZ
RFMAITZ MFRAITZ FMRAITZ MFARITZ AFMRITZ FAMRITZ FAMRITZ MAFRITZ
AMFRITZ ATFRIMZ TAFRIMZ FATRIMZ AFTRIMZ TFARIMZ FTARIMZ RTAFIMZ
TRAFIMZ ARTFIMZ RATFIMZ TARFIMZ ATRFIMZ AFRTIMZ FARTIMZ RAFTIMZ
ARFTIMZ FRATIMZ RFATIMZ RFTAIMZ FRTAIMZ TRFAIMZ RTFAIMZ FTRAIMZ
TFRAIMZ IFRATMZ FIRATMZ RIFATMZ IRFATMZ FRIATMZ RFIATMZ AFIRTMZ
FAIRTMZ IAFRTMZ AIFRTMZ FIARTMZ IFARTMZ IRAFTMZ RIAFTMZ AIRFTMZ
IARFTMZ RAIFTMZ ARIFTMZ ARFITMZ RAFITMZ FARITMZ AFRITMZ RFAITMZ
FRAITMZ RFIATMZ RTAIFMZ ATRIFMZ TARIFMZ RATIFMZ ARTIFMZ IRTAFMZ
RITAFMZ TIRAFMZ ITRAFMZ RTIAFMZ TRIAFMZ TAIRFMZ ATIRFMZ ITARFMZ
TIARFMZ AITRFMZ IATRFMZ IARTFMZ AIRTFMZ RIATFMZ IRATFMZ ARITFMZ
RAITFMZ FAITRMZ AFITRMZ IFATRMZ FIATRMZ AIFTRMZ IAFTRMZ TAFIRMZ
ATFIRMZ FTAIRMZ TFAIRMZ AFTIRMZ FATIRMZ FITARMZ IFTARMZ TFIARMZ
FTIARMZ ITFARMZ TIFARMZ TIAFRMZ ITAFRMZ ATIFRMZ TAIFRMZ IATFRMZ
AITFRMZ RITFAMZ IRTFAMZ TRIFAMZ RTIFAMZ ITRFAMZ TIRFAMZ FIRTAMZ
IFRTAMZ RFITAMZ FRITAMZ IRFTAMZ RIFTAMZ RTFIAMZ TRFIAMZ FRTIAMZ
RFTIAMZ TFRIAMZ FTRIAMZ FTIRAMZ TFIRAMZ IFTRAMZ FITRAMZ TIFRAMZ
ITFRAMZ ITMRAFZ TIMRAFZ MITRAFZ IMTRAFZ TMIRAFZ MTIRAFZ RTIMAFZ
TRIMAFZ IRTMAFZ RITMAFZ TIRMAFZ ITRMAFZ IMRTAFZ MIRTAFZ RIMTAFZ
IRMTAFZ MRITAFZ RMITAFZ RMTIAFZ MRTIAFZ TRMIAFZ RTMIAFZ MTRIAFZ
TMRIAFZ AMRITFZ MARITFZ RAMITFZ ARMITFZ MRAITFZ RMAITFZ IMARTFZ
MIARTFZ AIMRTFZ IAMRTFZ MAIRTFZ AMIRTFZ ARIMTFZ RAIMTFZ IARMTFZ
AIRMTFZ RIAMTFZ IRAMTFZ IRMATFZ RIMATFZ MIRATFZ IMRATFZ MRIATFZ
RMIATFZ TRIAMFZ TARIMFZ ATRIMFZ RTAIMFZ TIRAMFZ RITAMFZ ATIRMFZ
TAIRMFZ IATRMFZ AITRMFZ TIARMFZ IARTMFZ RAITMFZ ARITMFZ IRATMFZ
RIATMFZ MIATRFZ IMATRFZ AMITRFZ MAITRFZ IAMTRFZ AIMTRFZ TIMARFZ
ITMARFZ MTIARFZ TMIARFZ IMTARFZ MITARFZ MATIRFZ AMTIRFZ TMAIRFZ
MTAIRFZ ATMIRFZ TAMIRFZ TAIMRFZ ATIMRFZ ITAMRFZ TIAMRFZ AITMRFZ

IATMRFZ RATMIFZ ARTMIFZ TRAMIFZ RTAMIFZ ATRMIFZ TARMIFZ MARTIFZ AMRTIFZ
RMATIFZ MRATIFZ ARMTIFZ RAMTIFZ RTMAIFZ TRMAIFZ MRTAIFZ RMTAIFZ TMRAIFZ
MTRAIFZ MTARIFZ TMARIFZ AMTRIFZ MATRIFZ TAMRIFZ ATMRIFZ ATMFIRZ TAMFIRZ
MATFIRZ AMTFIRZ TMAFIRZ MTAFIRZ FTAMIRZ TFAMIRZ AFTMIRZ FATMIRZ TAFMIRZ
ATFMIRZ AMFTIRZ MAFTIRZ FAMTIRZ AFMTIRZ MFATIRZ FMATIRZ FMTAIRZ MFTAIRZ
TFMAIRZ FTMAIRZ MTFAIRZ TMFAIRZ IMFATRZ MIFATRZ FIMATRZ IFMATRZ MFIATRZ
FMIATRZ AMIFTRZ MAIFTRZ IAMFTRZ AIMFTRZ MIAFTRZ IMAFTRZ IFAMTRZ FIAMTRZ
AIFMTRZ IAFMTRZ FAIMTRZ AFIMTRZ AFMITRZ FAMITRZ MAFITRZ AMFITRZ FMAITRZ
MFAITRZ TFAIMRZ FTAIMRZ ATFIMRZ TAFIMRZ FATIMRZ AFTIMRZ IFTAMRZ FITAMRZ
TIFAMRZ ITFAMRZ FTIAMRZ TFIAMRZ TAIFMRZ ATIFMRZ ITAFMRZ TIAFMRZ AITFMRZ
IATFMRZ IAFTMRZ AIFTMRZ FIATMRZ IFATMRZ AFITMRZ FAITMRZ MAITFRZ AMITFRZ
IMATFRZ MIATFRZ AIMTFRZ IAMTFRZ TAMIFRZ ATMIFRZ MTAIFRZ TMAIFRZ AMTIFRZ
MATIFRZ MITAFRZ IMTAFRZ TMIAFRZ MTIAFRZ ITMAFRZ TIMAFRZ TIAMFRZ ITAMFRZ
ATIMFRZ TAIMFRZ IATMFRZ AITMFRZ FITMARZ IFTMARZ TFIMARZ FTIMARZ ITFMARZ
TIFMARZ MIFTARZ IMFTARZ FMITARZ MFITARZ IFMTARZ FIMTARZ FTMIARZ TFMIARZ
MFTIARZ FMTIARZ TMFIARZ MTFIARZ MTIFARZ TMIFARZ IMTFARZ MITFARZ TIMFARZ
ITMFARZ ITMFRAZ TIMFRAZ MITFRAZ IMTFRAZ TMIFRAZ MTIFRAZ FTIMRAZ TFIMRAZ
IFTMRAZ FITMRAZ FRTIMAZ ITFMRAZ FTRIMAZ IMFTRAZ MIFTRAZ FIMTRAZ IFMTRAZ MFITRAZ
FMITRAZ FMTIRAZ MFTIRAZ TFMIRAZ FTMIRAZ MTFIRAZ TMFIRAZ RMFITAZ MRFITAZ
FRMITAZ RFMITAZ MFRITAZ FMRITAZ IMRFTAZ MIRFTAZ RIMFTAZ IRMFTAZ MRIFTAZ
RMIFTAZ RFIMTAZ FRIMTAZ IRFMTAZ RIFMTAZ FIRMTAZ IFRMTAZ IFMRTAZ FIMRTAZ
MIFRTAZ IMFRTAZ FMIRTAZ MFIRTAZ TFIRMAZ FTIRMAZ ITFRMAZ TIFRMAZ FITRMAZ
IFTRMAZ RFTIMAZ FRTIMAZ TRFIMAZ RTFIMAZ FRTIMAZ TFRIMAZ TIRFMAZ ITRFMAZ
RTIFMAZ TRIFMAZ IRTFMAZ RITFMAZ RIFTMAZ IRFTMAZ FRITMAZ RFITMAZ IFRTMAZ
FIRTMAZ MIRTFAZ IMRTFAZ RMITFAZ MRITFAZ IRMTFAZ RIMTFAZ TIMRFAZ ITMRFAZ
MTIRFAZ TMIRFAZ IMTRFAZ MITRFAZ MRTIFAZ RMTIFAZ TMRIFAZ MTRIFAZ RTMIFAZ
TRMIFAZ TRIMFAZ RTIMFAZ ITRMFAZ TIRMFAZ RITMFAZ IRTMFAZ FRTMIAZ RFTMIAZ
TFRMIAZ FTRMIAZ RTFMIAZ TRFMIAZ MRFTIAZ RMFTIAZ FMRTIAZ MFRTIAZ RFMTIAZ
FRMTIAZ FTMRIAZ TFMRIAZ MFTRIAZ FMTRIAZ TMFRIAZ MTFRIAZ MTRFIAZ TMRFIAZ
RMTFIAZ MRTFIAZ TRMFIAZ RTMFIAZ ZTMFIAR TZMFIAR MZTFIAR ZMTFIAR TMZFIAR
MTZFIAR FTZMIAR TFZMIAR ZFTMIAR FZTMIAR TZFMIAR ZTFMIAR ZMFTIAR MZFTIAR
FZMTIAR ZFMTIAR MFZTIAR FMZTIAR FMTZIAR MFTZIAR TFMZIAR FTMZIAR MTFZIAR
TMFZIAR IMFZTAR MIFZTAR FIMZTAR IFMZTAR MFIZTAR FMIZTAR ZMIFTAR MZIFTAR
IZMFTAR ZIMFTAR MIZFTAR IMZFTAR IFZMTAR FIZMTAR ZIFMTAR IZFMTAR FZIMTAR
ZFIMTAR ZFMITAR FZMITAR MZFITAR ZMFITAR FMZITAR MFZITAR TFZIMAR FTZIMAR
ZTFIMAR TZFIMAR FZTIMAR ZFTIMAR IFTZMAR FITZMAR TIFZMAR ITFZMAR FTIZMAR
TFIZMAR TZIFMAR ZTIFMAR ITZFMAR TIZFMAR ZITFMAR IZTFMAR IZFTMAR ZIFTMAR
FIZTMAR IFZTMAR ZFITMAR FZITMAR MZITFAR ZMITFAR IMZTFAR MIZTFAR ZIMTFAR
IZMTFAR ZTMIFAR TZMIFAR MZTIFAR ZMTIFAR TMZIFAR MTZIFAR IMTZFAR IMTZFAR
TMIZFAR MTIZFAR ITMZFAR TIMZFAR TIZMFAR ITZMFAR ZTIMFAR ZTIMFAR IZTMFAR
ZITMFAR FITMZAR IFTMZAR TFIMZAR FTIMZAR ITFMZAR TIFMZAR MIFTZAR IMFTZAR
FMITZAR MFITZAR IFMTZAR FIMTZAR FTMIZAR TFMIZAR MFTIZAR FMTIZAR TMFIZAR
MTFIZAR MTIFZAR TMIFZAR IMTFZAR MITFZAR TIMFZAR ITMFZAR ATMFZIR TAMFZIR
MATFZIR AMTFZIR TMAFZIR MTAFZIR FTAMZIR TFAMZIR AFTMZIR FATMZIR TAFMZIR
ATFMZIR AMFTZIR MAFTZIR FAMTZIR AFMTZIR MFATZIR FMATZIR FMTAZIR MFTAZIR
TFMAZIR FTMAZIR MTFAZIR TMFAZIR ZMFATIR MZFATIR FZMATIR ZFMATIR MFZATIR
FMZATIR AMZFTIR MAZFTIR ZAMFTIR AZMFTIR MZAFTIR ZMAFTIR ZFAMTIR FZAMTIR
AZFMTIR ZAFMTIR FAZMTIR AFZMTIR AFMZTIR FAMZTIR MAFZTIR AMFZTIR FMAZTIR
MFAZTIR TFAZMIR FTAZMIR ATFZMIR TAFZMIR FATZMIR AFTZMIR IZFTAMIR FZTAMIR
TZFAMIR ZTFAMIR FZTAMIR ZFTAMIR TAZFMIR ATZFMIR ZTAFMIR TZAFMIR ZATFMIR
ZATFMIR ZAFTMIR AZFTMIR FZATMIR ZFATMIR AFZTMIR FAZTMIR MAZTFIR AMZTFIR
ZMATFIR MZATFIR AZMTFIR ZAMTFIR TAMZFIR ATMZFIR MTAZFIR TMAZFIR AMTZFIR
MATZFIR MZTAFIR ZMTAFIR TMZAFIR MTZAFIR ZTMAFIR TZMAFIR TZAMFIR ZTAMFIR

ATZMFIR TAZMFIR ZATMFIR AZTMFIR FZTMAIR ZFTMAIR TFZMAIR FTZMAIR ZTFMAIR
TZFMAIR MZFTAIR ZMFTAIR FMZTAIR MFZTAIR ZFMTAIR FZMTAIR FTMZAIR TFMZAIR
MFTZAIR FMTZAIR TMFZAIR MTFZAIR MTZFAIR TMZFAIR ZMTFAIR MZTFAIR TZMFAIR
ZTMFAIR ZIMFATR IZMFATR MZIFATR ZMIFATR IMZFATR MIZFATR FIZMATR IFZMATR
ZFIMATR FZIMATR IZFMATR ZIFMATR ZMFIATR MZFIATR FZMIATR ZFMIATR MFZIATR
FMZIATR FMIZATR MFIZATR IFMZATR FIMZATR MIFZATR IMFZATR AMFZITR MAFZITR
FAMZITR AFMZITR MFAZITR FMAZITR ZMAFITR MZAFITR AZMFITR ZAMFITR MAZFITR
AMZFITR AFZMITR FAZMITR ZAFMITR AZFMITR FZAMITR ZFAMITR ZFMAITR FZMAITR
MZFAITR ZMFAITR FMZAITR MFZAITR IFZAMTR FIZAMTR ZIFAMTR IZFAMTR FZIAMTR
ZFIAMTR AFIZMTR FAIZMTR IAFZMTR AIFZMTR FIAZMTR IFAZMTR IZAFMTR ZIAFMTR
AIZFMTR IAZFMTR ZAIFMTR AZIFMTR AZFIMTR ZAFIMTR FAZIMTR AFZIMTR ZFAIMTR
FZAIMTR MZAIFTR ZMAIFTR AMZIFTR MAZIFTR AZMIFTR ZAMIFTR IZMAFTR ZIMAFTR
MIZAFTR IMZAFTR ZMIAFTR MZIAFTR AMIZFTR MAIZFTR IMAZFTR MIAZFTR AIMZFTR
IAMZFTR IAZMFTR AIZMFTR ZIAMFTR IZAMFTR AZIMFTR ZAIMFTR FAIMZTR AFIMZTR
IFAMZTR FIAMZTR AIFMZTR IAFMZTR MAFIZTR AMFIZTR FMAIZTR MFAIZTR AFMIZTR
FAMIZTR FIMAZTR IFMAZTR MFIAZTR FMIAZTR IMFAZTR MIFAZTR MIAFZTR IMAFZTR
AMIFZTR MAIFZTR IAMFZTR AIMFZTR AITFZMR IATFZMR TAIFZMR ATIFZMR ITAFZMR
TIAFZMR FIATZMR IFATZMR AFITZMR FAITZMR IAFTZMR AIFTZMR ATFIZMR TAFIZMR
FATIZMR AFTIZMR TFAIZMR FTAIZMR FTIAZMR TFIAZMR IFTAZMR FITAZMR TIFAZMR
ITFAZMR ZTFAIMR AZTFIMR TZAFIMR ZTAFIMR ZFATIMR FZATIMR AZFTIMR ZAFTIMR FAZTIMR
AFZTIMR AFTZIMR FATZIMR TAFZIMR ATFZIMR FTAZIMR TFAZIMR IFAZTMR FIAZTMR
AIFZTMR IAFZTMR FAIZTMR AFIZTMR ZFIATMR FZIATMR IZFATMR ZIFATMR FIZATMR
IFZATMR IAZFTMR AIZFTMR ZIAFTMR IZAFTMR ZAIFTMR AZIFTMR AZFITMR ZAFITMR
FZAITMR ZFAITMR AFZITMR FAZITMR TAZIFMR ATZIFMR ZTAIFMR TZAIFMR AZTIFMR
ZATIFMR IATZFMR AITZFMR TIAZFMR ITAZFMR ATIZFMR TAIZFMR TZIAFMR ZTIAFMR
ITZAFMR TIZAFMR ZITAFMR IZTAFMR ITAFZMR AIZTFMR IAZTFMR ZAITFMR ZAITFMR
AZITFMR FZITAMR ZFITAMR IFZTAMR FIZTAMR ZIFTAMR IZFTAMR ZFTIAMR FZTIAMR
FTZIAMR TFZIAMR ZFTIAMR FZTIAMR FITZAMR IFTZAMR TFIZAMR FTIZAMR ITFZAMR
TIFZAMR TIZFAMR ITZFAMR ZTIFAMR TZIFAMR IZTFAMR ZITFAMR ZITMAFR IZTMAFR
TZIMAFR ZTIMAFR ITZMAFR TIZMAFR MIZTAFR IMZTAFR ZMITAFR ZIMTAFR
ZIMTAFR ZTMIAFR TZMIAFR MZTIAFR ZMTIAFR TMZIAFR MTZIAFR MTIZAFR MTIZAFR
IMTZAFR MITZAFR TIMZAFR ITMZAFR ATMZIFR TAMZIFR MATZIFR AMTZIFR TMAZIFR
MTAZIFR ZTAMIFR ZTAMIFR TZAMIFR AZTMIFR ZATMIFR TAZMIFR ATZMIFR AMZTIFR MAZTIFR
ZAMTIFR AZMTIFR MZATIFR ZMATIFR AMTZIFR MATIFR AMZTIFR ZAMTIFR MAZTIFR MTZAIFR
TMZAIFR IMZATFR MIZATFR ZIMATFR IZMATFR MZIATFR ZMIATFR AMIZTFR MAIZTFR
IAMZTFR AIMZTFR MIAZTFR IMAZTFR IZAMTFR ZIAMTFR AIZMTFR IAZMTFR ZAIMTFR
AZIMTFR AZMITFR ZAMITFR MAZITFR AMZITFR ZMAITFR MZAITFR MZAITFR TZAIMFR ZTIAMFR
ATZIMFR TAZIMFR ZATIMFR AZTIMFR IZTAMFR ZITAMFR TIZAMFR ITZAMFR TIAZMFR
TZIAMFR TAIZMFR ATIZMFR ITAZMFR TIAZMFR AITZMFR IATZMFR IAZTMFR AIZTMFR
ZIATMFR IZATMFR AZITMFR ZAITMFR MAITZFR AMITZFR IMATZFR MIATZFR AIMTZFR
IAMTZFR TAMIZFR AMTIZFR MTAIZFR TMAIZFR ATMIZFR TAMIZFR ATIMZFR IATMZFR
AITMZFR AITMFZR IATMFZR TAIMFZR ATIMFZR ITAMFZR TIAMFZR MIATFZR IMATFZR
AMITFZR MAITFZR IAMTFZR AIMTFZR ATMIFZR TAMIFZR MATIFZR AMTIFZR TMAIFZR
MTAIFZR MTIAFZR IMTAFZR MITAFZR TMIAFZR MTIAFZR ITMAFZR TIMAFZR ITFMAZR
MFTAIZR FMTAIZR TMFAIZR MTFAIZR ATFMIZR TAFMIZR FATMIZR AFTMIZR TFAMIZR
FTAMIZR FMATIZR MFATIZR AFMTIZR FAMTIZR MAFTIZR AMFTIZR AMTFIZR MATFIZR
TAMFIZR ATMFIZR MTAFIZR TMAFIZR IMAFTZR MIAFTZR AIMFTZR IAMFTZR MAIFTZR
AMIFTZR FMIATZR IFMATZR AFIMTZR FAIMTZR FAMITZR AFMITZR MFAITZR FMAITZR
MAFITZR TAFIMZR ATFIMZR FTAIMZR TFAIMZR AFTIMZR FATIMZR IATFMZR AITFMZR
TIAFMZR TIAFMZR ATIFMZR FTIAMZR TFIAMZR FTIAMZR ITFIAMZR ITFAMZR FITAMZR
IFTAMZR IFATMZR FIATMZR AIFTMZR IAFTMZR FAITMZR AFITMZR MFITAZR FMITAZR
IMFTAZR MIFTAZR FIMTAZR IFMTAZR TFMIAZR FTMIAZR MTFIAZR TMFIAZR FMTIAZR
MFTIAZR MITFAZR IMTFAZR IMTFAZR TMIFAZR MTIFAZR ITMFAZR TIMFAZR ITFMAZR
FTIMAZR TFIMAZR IFTMAZR FITMAZR RITMAZF RTIMAZF IRTMAZF RITMAZF ITRMAZF
TIRMAZF MIRTAZF IMRTAZF RMITAZF MRITAZF IRMTAZF RIMTAZF RTMIAZF TRMIAZF
MRTIAZF RMTIAZF TMRIAZF MTRIAZF MTIRAZF TMIRAZF IMTRAZF MITRAZF TIMRAZF

100

ITMRAZF ATMRIZF TAMRIZF MATRIZF AMTRIZF TMARIZF MTARIZF RTAMIZF TRAMIZF ARTMIZF RATMIZF
TARMIZF ATRMIZF AMRTIZF MARTIZF RAMTIZF ARMTIZF MRATIZF RMATIZF RMTAIZF MRTAIZF TRMAIZF
RTMAIZF MTRAIZF TMRAIZF IMRATZF MIRATZF RIMATZF IRMATZF MRIATZF RMIATZF AMIRTZF MAIRTZF
IAMRTZF AIMRTZF MIARTZF IMARTZF IRAMTZF ARIMTZF AIRMTZF IARMTZF RAIMTZF AIRMITZF ARIMTZF
RAMITZF MARITZF AMRITZF RMAITZF MRAITZF TRAIMZF RTAIMZF ATRIMZF TARIMZF RATIMZF ARTIMZF
IRTAMZF RITAMZF TIRAMZF ITRAMZF RTIAMZF TRIAMZF TAIRMZF ATIRMZF ITARMZF TIARMZF AITRMZF
IATRMZF IARTMZF AIRTMZF RIATMZF IRATMZF RAITMZF RAITMZF MAITRZF AMITRZF IMATRZF MIATRZF
AIMTRZF IAMTRZF TAMIRZF ATMIRZF MTAIRZF TMAIRZF AMTIRZF MATIRZF MITARZF IMTARZF TMIARZF
MTIARZF ITMARZF TIMARZF TIAMRZF ITAMRZF ATIMRZF TAIMRZF IATMRZF AITMRZF ZITMRAF IZTMRAF
TZIMRAF ZTIMRAF ITZMRAF TIZMRAF MIZTRAF IMZTRAF ZMITRAF MZITRAF IZMTRAF ZIMTRAF ZTMIRAF
TZMIRAF MZTIRAF ZMTIRAF TMZIRAF MTZIRAF MTIZRAF TMIZRAF IMTZRAF MITZRAF TIMZRAF ITMZRAF
RTMZIAF TRMZIAF MRTZIAF TMRZIAF MTRZIAF ZTRMIAF ZTRMIAF TZRMIAF RZTMIAF ZRTMIAF TZRMIAF
RTZMIAF RMZTIAF MRZTIAF ZRMTIAF ZMRTIAF MZRTIAF ZMRTIAF ZMTRIAF MZTRIAF TZMRIAF ZTMRIAF
MTZRIAF TMZRIAF IMZRTAF MIZRTAF ZIMRTAF IZMRTAF MZIRTAF ZMIRTAF RMIZTAF MRIZTAF IRMZTAF
RIMZTAF MIRZTAF IMRZTAF ZIRMTAF ZIRMTAF ZIRMTAF ZIRMTAF ZRIMTAF RZIMTAF RZMTIAF ZRMTIAF
MRZITAF RMZITAF ZMRITAF MZRITAF TZRIMAF ZTRIMAF RTZIMAF TRZIMAF ZRTIMAF RZTIMAF IZTRMAF
ZITRMAF TIZRMAF ITZRMAF ZTIRMAF TZIRMAF TRIZMAF RTIZMAF ITRZMAF TIRZMAF RITZMAF IRTZMAF
IRZTMAF RIZTMAF ZIRTMAF ZIRTMAF ZTRIMAF ZTIRMAF ZITRMAF RIMTZAF IMRTZAF IMRTZAF RIMTZAF
IRMTZAF TRMIZAF RTMIZAF MTRIZAF TMRIZAF RMTIZAF MRTIZAF MITRZAF IMTRZAF TMIRZAF MTIRZAF
ITMRZAF TIMRZAF TIRMZAF ITRMZAF RTIMZAF TRIMZAF IRTMZAF RITMZAF RATMZIF ARTMZIF TRAMZIF
RTAMZIF ATRMZIF TARMZIF AMRTZIF MARTZIF AMRTZIF RMATZIF ARMTZIF RAMTZIF RAMTZIF RTMAZIF TRMAIZF
MRTAZIF RMTAZIF TMRAZIF MTRAZIF MTARZIF TMARZIF AMTRZIF MATRZIF TAMRZIF ATMRZIF ZTMRAIF
TZMRAIF MZTRAIF ZMTRAIF TMZRAIF MTZRAIF TMZRAIF MTZRAIF RMTZAIF MRTZAIF ZRTMAIF ZTRMAIF
ZMRTAIF MZRTAIF RZMTAIF ZRMTAIF MRZTAIF RMZTAIF MRTZAIF MRTZAIF TRMZAIF RTMZAIF MTRZAIF
TMRZAIF AMRZTIF MARZTIF ZAMRTIF AZMRTIF MZARTIF MZARTIF ZMARTIF MZARTIF AZMRTIF ZAMRTIF
MAZRTIF AMZRTIF ARZMTIF RAZMTIF ZARMTIF ZRAMTIF RZAMTIF ZRMATIF ZRMATIF RZMATIF MZRATIF
ZMRATIF RMZATIF MRZATIF TRAZMIF RTZAMIF ZTRAMIF TZRAMIF RZTAMIF ZRTAMIF ARTZMIF RATZMIF
TARZMIF ATRZMIF RTAZMIF TRAZMIF TZARMIF ZTARMIF ATZRMIF TAZRMIF ZATRMIF AZTRMIF AZRTMIF
ZARTMIF RAZTMIF ARZTMIF ZRATMIF RZATMIF ZARTMIF AZTRMIF MAZTRIF AMZTRIF ZAMTRIF AZMTRIF
TZMARIF ZTMARIF MTZARIF TMZARIF ZMTARIF MZTARIF MATZRIF AMTZRIF TMAZRIF MTAZRIF ATMZRIF
TAMZRIF TAZMRIF ATZMRIF ZTAMRIF TZAMRIF AZTMRIF ZATMRIF ZIMARTF IZMARTF ZIMARTF ZIAMRTF
AIZMRTF IAZMRTF MAZIRTF AMZIRTF ZMAIRTF MZAIRTF AZMIRTF ZAMIRTF ZIMARTF IZMARTF MZIARTF
ZMIARTF IMZARTF MIZARTF MIAZRTF IMAZRTF AMIZRTF MAIZRTF IAMZRTF AIMZRTF RIMZATF IRMZATF
MRIZATF RMIZATF IMRZATF MIRZATF ZIRMATF IZRMATF RIZMATF IRZMATF RIZMATF RMIZATF RMZIATF
MRZIATF ZRMIATF RZMIATF MZRIATF ZMRIATF ZMIRATF MZIRATF IZMRATF ZIMRATF MIZRATF IMZRATF
AMZRITF MAZRITF ZAMRITF AZMRITF MZARITF ZMARITF RMAZITF MRAZITF ARMZITF RAMZITF MARZITF
AMRZITF AZMRITF ZAMRITF RAZMITF ARZMITF ZRAMITF RZAMITF ZRMAITF ZRMAITF MRZAITF MRZAITF RMZAITF
ZMRAITF MZRAITF IZARMTF ZIARMTF RIZAMTF IRZAMTF ZRIAMTF RZIAMTF AZIRMTF ZAIRMTF IAZRMTF
AIZRMTF ZIARMTF IZARMTF IRAZMTF RIAZMTF AIRZMTF IARZMTF RAIZMTF ARIZMTF ARIZMTF RAZIMTF
ZARIMTF ZRAIMTF RZAIMTF ZAIRMTF IAIZMTF MRAIZTF AMRIZTF MARIZTF RMAIZTF MRAIZTF IMRAZTF
IARMZTF AIRMZTF RIAMZTF IRAMZTF RAIMZTF IAMRZTF AIMRZTF ZITRAMF IZTRAMF RAITZMF RIATZMF AIRTZMF
IARTZMF AIRMZTF IRMAZTF RIMAZTF RMIAZTF MRIAZTF MAIRZTF AMIRZTF IMARZTF MIARZTF AIMRZTF IAMRZTF
IAMRZTF AIRMZTF RIAMZTF IRAMZTF RAIMZTF AIRMZTF ARITZMF RAITZMF IRATZMF RIATZMF ZIRATZMF AIRTZMF
ITRAZMF TIRAZMF TIARZMF ITARZMF ATIRZMF TAIRZMF IATRZMF AITRZMF ZITRAMF IZTRAMF TZIRAMF
ZTIRAMF ITZRAMF TIZRAMF RIZTAMF IRZTAMF ZIRTAMF IZRTAMF RZITAMF ZRITAMF ZRTIAMF ZTRIAMF
RZTIAMF ZRTIAMF TRZIAMF RTZIAMF RTIZAMF TRIZAMF IRTZAMF RITZAMF TIRZAMF ITRZAMF ATRZIMF
TARZIMF RATZIMF ARTZIMF TRAZIMF RTAZIMF ZTARIMF TZARIMF ATZRIMF ZATRIMF AZTRIMF TAZRIMF ATZRIMF
ARZTIMF RAZTIMF ZARTIMF AZRTIMF RZATIMF ZRATIMF ZRTAIMF ZTRAIMF RZTAIMF ZRTAIMF TRZAIMF ZMATRIF
RTZAIMF TRZAIMF RIZATMF ZIRATMF ZIRATMF ZRIATMF ARIZTMF RAIZTMF IARZTMF AIRZTMF ZRATIMF
ARZITMF ZRAITMF RZAITMF TZAIRMF ZTAIRMF ATZIRMF TAZIRMF ZATIRMF AZTIRMF AZTIRMF IZTARMF ZITARMF
TIZARMF ITZARMF ZTIARMF TZIARMF TAIZRMF ATIZRMF ITAZRMF TIAZRMF AITZRMF IATZRMF IAZTRMF
AIZTRMF ZIATRMF IZATRMF TRAIZMF IZATMRF ZIATMRF AZITMRF ZIATMRF ZIATMRF ZIATMRF ITZAMRF
TAZIMRF ATZIMRF ZTAIMRF TZAIMRF AZTIMRF ZATIMRF ZITAMRF IZTAMRF TZIAMRF ZTIAMRF ITZAMRF
TIZAMRF IZTAMRF ITAZMRF TIAZMRF ATIZMRF IATZMRF AITZMRF IMTZARF MITZARF MTIZARF ITMZARF
TIMZARF ZTMIARF ZTIMARF ZTIMARF ZTMIARF MZTIARF MATZIRF AMTZIRF TMAZIRF MTAZIRF ATMZIRF
TZMIARF ZTMIARF ZTIMARF TZIMARF IZTMARF ZITMARF TIZMARF ITZMARF ATZMIRF TAZMIRF ZATMIRF
AZTMIRF ZMTIARF MZTAIRF ZMATIRF MZATIRF MATZIRF AZIMTRF ZAIMTRF IAZMTRF AIZMTRF ZIAMTRF IZAMTRF
IMAZTRF MIAZTRF IMATZRF MIATZRF AIMTZRF IAMTZRF MATIZRF AMTIZRF MAZITRF MAZIRTF ZAMITRF
ZMAITRF TMAIZRF MTAIZRF ATMIZRF TAMIZRF MATIZRF AMTIZRF IMTAZRF AMTIZRF IMTAZRF TIMAZRF ITMAZRF
MTIAZRF TMIAZRF TAIMZRF ATIMZRF ITAMZRF TIAMZRF AITMZRF IATMZRF IAMTZRF AIMTZRF MIATZRF
IMATZRF AMITZRF MAITZRF FAITZRM FIATZRM AIFTZRM IAFTZRM ZITFARM IZTFARM ZIAFTRM TAFIZRM FIATZRM
FTAIZRM FTAIZRM AFTIZRM FATIZRM FITAZRM IFTAZRM TFIAZRM FTIAZRM ITFAZRM TIFAZRM TIAFZRM
ITAFZRM ATIFZRM TAIFZRM IATFZRM AITFZRM ZITFARM IZTFARM TZIFARM ZTIFARM ITZFARM TIZFARM
FIZTARM IFZTARM ZFITARM FZITARM IZFTARM ZIFTARM ZTFIARM TZFIARM FZTIARM ZFTIARM TFZIARM
FTZIARM FTIZARM TFIZARM IFTZARM FITZARM TIFZARM ITFZARM ATFZIRM TAFZIRM FATZIRM AFTZIRM

TFAZIRM FTAZIRM ZTAFIRM TZAFIRM AZTFIRM ZATFIRM TAZFIRM ATZFIRM AFZTIRM FAZTIRM ZAFTIRM AZFTIRM
FZATIRM ZFATIRM ZFTAIRM FZTAIRM TZFAIRM ZTFAIRM FTZAIRM TFZAIRM IFZATRM FIZATRM ZIFATRM IZFATRM
FZIATRM ZFIATRM AFIZTRM FAIZTRM IAFZTRM AIFZTRM FIAZTRM IFAZTRM IZAFTRM ZIAFTRM AIZFTRM IAZFTRM
ZAIFTRM AZIFTRM AZIFTRM FAZITRM FAZITRM ZFAITRM ZFAITRM FZAITRM TZAIFRM ATZIFRM ATZIFRM TAZIFRM
ZATIFRM AZTIFRM IZTAFRM ZITAFRM TIZAFRM ITZAFRM ZTIAFRM TZIAFRM TAIZFRM ATIZFRM ITAZFRM TIAZFRM
AITZFRM IATZIFM IAZTIFM AIZTFRM ZIATFRM IZATFRM ZAITFRM ZAITFRM RAITFZM ARITFZM IRATFZM RIATFZM
AIRTFZM IARTFZM TARIFZM ATRIFZM RTAIFZM TRAIFZM ARTIFZM RATIFZM RITAFZM IRTAFZM TRIAFZM RTIAFZM
ITRAFZM TIRAFZM TIARFZM ITARFZM ATIRFZM TAIRFZM IATRFZM AITRFZM FITRAZM IFTRAZM TFIRAZM FTIRAZM
ITFRAZM TIFRAZM RIFTAZM IRFTAZM FRITAZM IFRTAZM FIRTAZM FTRIAZM FTRIAZM TFRIAZM RFTIAZM FRTIAZM
TRFIAZM RTFIAZM RTIFAZM TRIFAZM IRTFAZM RITFAZM TIRFAZM ITRFAZM ATRFIZM TARFIZM RATFIZM ARTFIZM
TRAFIZM RTAFIZM FTARIZM TFARIZM AFTRIZM FATRIZM TAFRIZM ATFRIZM ARFTIZM RAFTIZM FARTIZM AFRTIZM
RFATIZM FRATIZM FRTAIZM RFTAIZM TFRAIZM FTRAIZM RTFAIZM TRFAIZM IRFATZM RIFATZM FIRATZM IFRATZM
RFIATZM FRIATZM FRTAIZM RFTAIZM TFRAIZM FTRAIZM IRAFTZM RIAFTZM ARIFTZM IARFTZM RAIFTZM ARIFTZM
FAIRTZM AFIRTZM AFIRTZM FARITZM RAFITZM ARFITZM FRAITZM RFAITZM FTAIRZM TFAIRZM ATFIRZM TAFIRZM
FATIRZM AFTIRZM IFTARZM FITARZM TIFARZM ITFARZM FTIARZM TFIARZM TAIFRZM ATIFRZM ITAFRZM TIAFRZM
AITFRZM IATFRZM AIFTRZM IAFTRZM FAITRZM AFITRZM FIATRZM IFATRZM ITFRAZM RIFTAZM RIFTAZM ITFRAZM
IZTRFAM IZRTFAM ZIRTFAM RIZTFAM IRZTFAM ZRITFAM RZITFAM ZRATFIM ARZTFIM RAZTFIM ZARTFIM ZARTFIM
AZRTFIM TZRAFIM ZTRAFIM RTZAFIM TRZAFIM ZRTAFIM RZTAFIM AZRTFIM ARZTFIM TRAZFIM TRAZFIM ATRZFIM
TARZFIM TAZRFIM ATZRFIM ZTARFIM TZARFIM AZTRFIM ZATRFIM ATZRFIM AFTRZIM FATRZIM TFARZIM FTARZIM
TAFRZIM ATFRZIM ARFTZIM RAFTZIM FRATZIM AFRTZIM FARTZIM FTRAZIM FTRAZIM TFRAZIM RFTAZIM FRTAZIM
RTFAZIM TRFAZIM RTAFZIM TRAFZIM ARTFZIM RATFZIM TARFZIM ATRFZIM FRZAIM RFZATIM RFZATIM ZFRATIM
FRAZTIM RAFZTIM FRZATIM ZRFATIM ZFRATIM ZARFTIM FZRATIM ZRAFTIM RZAFTIM ARZFTIM AZRFTIM ZARFTIM
RAZFTIM ARZFTIM ZRAFTIM RZAFTIM AZRFTIM ZARFTIM RAZFTIM ARZFTIM RAFZTIM ARFZTIM FARZTIM AFRZTIM
RFAZTIM FRAZTIM FRZATIM RFZATIM ZFRATIM FZRATIM RZFATIM ZRFATIM AZRFTIM AZRFTIM ZARFTIM ZARFTIM
ZFARTIM FZARTIM RAZFTIM TAFRZIM ATFRZIM FAZRTIM ZAFRTIM FZARTIM FZAIRTM ZFAIRTM AFZIRTM FAZIRTM
AZFIRTM ZAFIRTM ZAFIRTM IAFZRTM IAZFRTM AIZFRTM ZIAFRTM IZAFRTM ZAIFRTM RAIFZTM ARIFZTM IRAFZTM
IARFZTM RAIFZTM ARIFZTM ARFIZTM RAFIZTM FARIZTM AFRIZTM RFAIZTM FRAIZTM FRIAZTM RFIAZTM IFRAZTM
FIRAZTM IFARZTM FIARZTM AIFRZTM IAFRZTM FAIRZTM AFIRZTM RIAFZTM IRAFZTM RIFAZTM IRFAZTM FIRAZTM
FIARZTM IFARZTM AIFRZTM FAIRZTM AIRFZTM FARITZM AFRITZM ARZFITM RAZFITM ZARFITM ZARFITM AZRFITM
ZRAFITM RZAFITM FRZAITM RFZAITM ZFRAITM FZRAITM RFZAITM ZRFAITM AFRZITM RAFZITM FRAZITM AFRZITM
FRAZITM ZRAFITM RZAFITM AZRFITM ZARFITM ZARFITM AFRZITM RAFZITM FRAZITM RFAZITM FARZITM AFRZITM
ZRAFITM ZRIAFTM RTIAZFM IRTAZFM IRTAZFM TIRAZFM ITRAZFM RITAZFM TRIAZFM ATRIZFM TARIZFM ATRZFIM
RTAIZFM TRAIZFM ATRIZFM RATIZFM TARIZFM TIRAZFM ITRAZFM IRTAZFM RITAZFM TIRAZFM RTIAZFM IRTAZFM
TRZIAFM TRIZAFM RTIZAFM ITRZAFM TIRZAFM RITZAFM IRTZAFM ARTIZFM RATIZFM IARTZFM ITARZFM RIATZFM
TRAZIFM TIRZAFM TZIRAFM ZTIRAFM RTZIAFM TRZIAFM ITRZAFM TIRZAFM RITZAFM ITRZAFM TIRZAFM RTIZAFM
TRAZIFM TRIZAFM RTIZAFM ITRZAFM TIRZAFM RITZAFM IRTZAFM ARTZIFM RATZIFM TARZIFM ATRZIFM RTAZIFM
TRAZIFM TRIZAFM RTIZAFM ITRZAFM ZRIFATM ZARIFTM RAZIFTM AZRIFTM ZARIFTM ZARIFTM AZRIFTM ARZIFTM
ZTIARFM ATIZRFM TAIZRFM IATZRFM AITZRFM TIAZRFM ITAZRFM IZATRFM ZIATRFM AIZTRFM IAZTRFM ZAITRFM
AZITRFM AZTIRFM TAZIRFM ATZIRFM ZTAIRFM TZAIRFM ZATIRFM AZTIRFM ZTAIRFM TZAIRFM ATZIRFM ZTAIRFM TZAIRFM

OPPERMANN

OPPERMANN

OPPERMANN

13 Die Welt unterm Wagen

»Er ist wach. Papa, er ist wach!« Sonjas Stimme schnitt Jonas ins Ohr, so hell und laut schrie seine Schwester hinein.

Er fühlte etwas Nasses auf seiner Stirn, und als er aufstehen wollte, merkte er, dass er ganz in ein Daunenbett gewickelt dalag und sich kaum bewegen konnte.

Der Vater kam herein und drückte ihn ins Kissen zurück. »Du bleibst schön liegen heute. Sonja, geh und mach ihm noch einen Umschlag.«

»Was ist denn los?«, fragte Jonas – so leise, dass er sich selbst kaum verstehen konnte.

»Du hast Fieber.«

»Hab ich doch gesagt.«

»Die ganze Nacht hast du komisches Zeug vor dich hinge-brabbelt …Was hast du dir bloß dabei gedacht? In den Fluss springen. Bei dem Wetter!« Der Vater zeigte aus dem Fenster, auf vereinzelte Schneeflocken, die lautlos vom Himmel schwebten. »Du hättest dir den Tod holen können. Wenn Maik nicht gewesen wäre …«

»Maik!« Jonas fuhr hoch und fiel gleich wieder zurück.

»Maik ist nicht hier. Du kannst ihm später danken. Aber wer ist eigentlich dieser Oppermann? War der auch dabei?«

Und da fiel Jonas wieder ein, was am Tag zuvor geschehen war: Der Kalender war ihm davongeschwommen, und Maik hatte ihn nach Hause gebracht und behauptet, ihn aus dem Wasser gezogen zu haben. Doktor Gumbrecht war da gewesen, hatte den Puls gemessen und die Brust abgehört. Und nach-dem der Vater ihm ein heißes Bad eingelassen hatte, war Jonas eingeschlafen und hatte von Buchstaben geträumt, einem Meer aus Buchstaben, fünftausendfünfunddreißig verschiedene Kombinationen – und von Oppermann, Oppermann auf hoher See, Oppermann, der Pirat, der Freibeuter, der Kapitän des Kalenders. Wie es ihm wohl ging? Stand er in seinem windgebauschten Bademantel, eine Tasse Kaffee in der Hand, an Deck seines mast- und segellosen Schiffes? Oder war er, Jonas schauderte bei dem Gedanken, in den Fluten ertrunken, die für ihn, den Zwerg, den Winzling, doch unendlich viel größer sein mussten als für jeden Menschen?

Sonja kam mit einem Waschlappen herein und legte ihn zusammengefaltet auf Jonas' Stirn. Die Feuchtigkeit machte ihn schlagartig wach. Er zog den Lappen weg, befreite sich aus der Decke und sprang aus dem Bett. »Wir müssen ihn finden«, sagte er und begann, in seinem Kleiderschrank nach seinen Sachen zu wühlen.

»Oppermann?«, fragte der Vater.

»Den Kalender.«

»Du musst wieder ins Bett. Und du«, der Vater zeigte auf Sonja, »machst dich für die Schule fertig, aber ganz flott.«

»Mir geht's gut, Papa«, sagte Jonas. »Wirklich. Gestern hatte ich Fieber, aber heute nicht mehr. Hier«, er bot ihm seine Stirn an, »fühl mal.«

Anstatt darauf einzugehen, wies der Vater aufs Bett. »Da bleibst du heute liegen und ruhst dich aus. Ich bringe dir einen Tee, und dann will ich nichts mehr hören.«

Jonas protestierte, rief »Nein« und »Der Kalender«, bevor ihm die Beine wegsackten und der Vater ihn ins Bett zurücktrug. Er schlief auch tatsächlich noch einmal ein, entkräftet von den Strapazen des Vortags und von der Vorstellung, dass Oppermann ertrunken sein könnte oder, wenn er noch lebte – und dieser Gedanke raubte ihm fast den Verstand –, in der Gewalt von Maik Mirscheidt war.

Nach dem Mittagessen – der Vater hatte ihm eine Ingwer-Möhren-Suppe gemacht – hielt er es nicht mehr aus, zog sich an und schlich aus dem Haus, zur Pasel hin, zur Großen Brücke. Kaum war die Tür aber hinter ihm mit einem leisen Klacken ins Schloss gefallen, stieß Jonas gegen etwas Hartes an seinen Füßen. Und als er hinabblickte, sah er den Kalender auf der Fußmatte stehen, trocken und vollkommen unversehrt – ohne die Kerbe des Vaters. Vorsichtig nahm er ihn hoch, klappte ihn auf und betrachtete ihn von allen Seiten. Leise rief er nach Oppermann, erhielt aber keine Antwort. Erst klopfte er gegen die Sechs und die Elf, dann, weil er dachte, dass Oppermann womöglich schon wieder umgezogen sei, gegen alle anderen Türchen. Nichts rührte sich.

Jonas fragte sich, ob es sich um eine Fälschung handeln könnte, einen exakten Nachbau ohne Leben darin. Dieser Kalender fühlte sich so leicht an wie das Original, und wenn man ihn schüttelte, klackerte es auch innen drin, aber dass die Kerbe verschwunden war, machte ihn stutzig. Der Kalender wirkte so unberührt, als wäre alles neu, alles auf Anfang. Jemand, da war er sich sicher, wollte sich über ihn lustig machen, und er hatte auch schon eine Ahnung, wer das sein könnte. Er blickte nach links und rechts. Frau Rottenkolbers Gardine tanzte hinter den Erkerfenstern. Herr Brombacher zog die Uhren in der Auslage auf. Sonst war niemand zu sehen. Er wollte schon wieder hineingehen und den Vater fragen, ob er ihm das gezimmert habe, um ihn über den Verlust hinwegzutrösten, da nahm er ganz schwach den Duft von Kaffee wahr, von frisch aufgebrühtem Kaffee, und alle Bedenken lösten sich in Luft auf.

Auf der Dreizehn, dem Türchen des Tages, waren Füße abgebildet, nackte Füße, Fußsohlen, um genau zu sein. Jonas überlegte, wer damit gemeint sein könnte. Der Vater saß nie mit bloßen Füßen im Lehnstuhl, und er musste an den Sommer denken, wenn die Leute in ihren Badesachen am Paselufer lagen und ihre Zehen ins Wasser streckten. Dann fiel es ihm ein: Kito Niederstrasser, der Mechaniker, lief zu jeder Jahreszeit ohne Schuhe durch die Gegend. Manche aus der Schule scherzten, er sei den ganzen weiten Weg aus dem Morgenland hierhergelaufen und habe dermaßen dicke Schwielen an der Haut, dass er keine Kälte, Hitze, Steine, Spitzen mehr spüre. Dabei stammte er aus Ravenhagen, sein Großvater mütterlicherseits war Seidenhändler in Japan gewesen und hatte sich hier niedergelassen, und sein Vater verkaufte feine Anzüge, Hemden, Hosen, Hüte, und hatte gehofft, dass sein Sohn das Modegeschäft eines Tages übernehmen würde. Aber Kito hatte sich mehr für Technik begeistert und schon als Kind Fahrräder repariert. Als er älter wurde, lernte er, wie man Radios fachgerecht auseinandernimmt und wieder zusammensetzt, und obwohl er damals noch zu jung dafür gewesen war, selbst zu fahren, stieg er mit vierzehn, fünfzehn auf Motorräder und Autos um. Seine Eltern und Freunde sahen seine Füße häufiger als sein Gesicht, immer lag er unter irgendeinem Wagen und inspizierte den Unterboden.

Aus Angst, Maik Mirscheidt zu begegnen, von dem er annahm, dass er ihm irgendwo auflauere, schob Jonas den Kalender unter seinen Anorak und machte sich auf den Weg. Der Schnee, der auf dem Boden aufkam, blieb nicht liegen. Es sah aus, als ob er in die Pflastersteine einsickerte. Einige Kinder, die Jonas aus der Schule kannte, versuchten trotzdem, einzelne Flocken mit den Händen, den Zungen aufzufangen. Er wollte keine Zeit verlieren und eilte durch sie hindurch zu *Auto Niederstrasser*.

Als er bei der Werkstatt ankam, lag Kito den Kopf voran unter einem Lieferwagen.

»Kito«, sagte Jonas. »Ich bin's, Jonas.«

»Ich weiß, wer du bist«, sagte Kito, ohne unter dem Wagen hervorzukommen.

»Ich muss dir was zeigen.«

»Was denn?«

»Einen Kalender, einen Adventskalender.«

»Hab schon davon gehört. Der magische Adventskalender.«

»Ja«, sagte Jonas. »Und ich glaube, auf einem der Türchen bist du zu sehen.«

»Ich?«, fragte Kito von unten. »So richtig mit Bild?«

»Nee«, sagte Jonas. »So eine Zeichnung.«

»Von mir?«

»Nee. Von deinen Füßen.«

»Woher willst du denn wissen, dass das meine sind?«

»Außer meinen eigenen kenne ich keine Füße so gut wie deine.«

»Sind die schmutzig?«

»Nee.«

»Dann sind's nicht meine. Reichst du mir mal den Zehner aus dem Kasten da?« Kitos Hand kam unter dem Wagen hervor, und Jonas legte einen Schraubenschlüssel hinein. Nach zwei Sekunden kam er wieder zum Vorschein. »Den Zehner, hab ich gesagt.«

Jonas wühlte in dem Kasten herum, bis er den richtigen gefunden hatte.

»Genau den«, sagte Kito, und Jonas hörte ein Klackern und Quietschen und fragte sich, wie es wäre, wenn man den ganzen Tag lang auf dem Rücken liegen und auf diese Weise die Welt betrachten würde: Jeder würde einem so unfassbar groß vorkommen. Und wie würde man die Leute voneinander unterscheiden, wenn das Gesicht das Letzte war, was man sah, irgendwo weit über einem?

»Also.« Kito kam unter dem Wagen hervorgerollt und wischte sich die Hände an einem Tuch ab. »Dann zeig mal her, den Kalender.«

Und das tat Jonas.

Und in dem Moment sprang das Türchen auf, als hätte Kito den richtigen Schraubenschlüssel dafür in der Hand, und dahinter lag ein Stück Schokolade mit einem I drauf. »Was hat das denn zu bedeuten?«

»Das gehört zu einem Wort.«

»Zu welchem?«

»Das weiß ich noch nicht.«

»Aber wenn du es weißt, dann sagst du es mir, ja?« Kito erhob sich und trat auf Jonas zu. »Versprich mir, dass du es mir als Erstes sagst.«

»Ja«, sagte Jonas und ging rückwärts aus der Werkstatt hinaus. Das Letzte, was er sah, bevor er um die Ecke bog, war eine pinkfarbene Tüte auf dem Werkzeugwagen.

14 Besuch bei den Schiefen Zähnen

Der Vater meinte, Jonas müsse einen weiteren Tag zu Hause bleiben, um sich vollständig auszukurieren, und meldete ihn für heute in der Schule ab. Dass Jonas gestern durch die Stadt gestreift war, hatte er gar nicht mitbekommen. Den ganzen Nachmittag hatte er in der Werkstatt an einem Schrank gearbeitet und erst zum Tee wieder nach ihm gesehen. Und da hatte Jonas im Bett liegend so getan, als ob er schliefe.

Jonas war es ganz recht, nicht zur Schule zu müssen, denn das bedeutete: einige Gelegenheiten weniger, Maik Mirscheidt zu begegnen. Er hatte das Gefühl, das Leben von hier aus, von seinem Zimmer aus, unter Kontrolle zu haben. Draußen war das anders. Schon im Flur konnte alles Mögliche passieren – unvorhersehbare Ereignisse, etwa wenn der Vater aus dem Bad kam oder Sonja aus ihrem Zimmer. Und auf der Straße vervielfachten sich die Möglichkeiten. Fünftausendvierzig. Die Fakultät von Fünftausendvierzig. Seit dem Tod von Oma Trudl vor einem Jahr war er den meisten Ravenhagenern aus dem Weg gegangen. Den Erwachsenen vor allem. Wie sie um ihr Grab herumgestanden hatten, wie sie in der *Goldenen Lerche* über sie gesprochen hatten, als wäre sie nicht vor Tagen, sondern vor Jahren schon gestorben, als wäre sie nur noch eine Geschichte, eine Episode in ihrem Leben. Wann immer Gäste da waren und zu Hause das Gespräch auf Oma Trudl kam, sprachen die Freunde des Vaters von anderen Todesfällen, von Krankheiten und Unfällen, die zum Tode geführt hatten, bis jemand sagte: »Nicht vor den Kindern.« Die Erwachsenen starben, die ganz alten zuerst, dann die noch nicht ganz so alten, dann die jüngeren. Das war ein Naturgesetz. Je weniger er mit ihnen zu tun hatte, desto besser. Am liebsten hätte er sein Zimmer gar nicht mehr verlassen. Aber der Vater hatte ihn weiterhin zur Schule geschickt, ihm Aufträge erteilt, ihn und Sonja gebeten, zum Abendessen zu Hause zu sein und die Gäste zu begrüßen, wenn welche kamen. Mit der Zeit waren immer seltener welche gekommen, keiner kondolierte mehr, seit Monaten hatte ihn keiner mehr darauf angesprochen, und er hatte mit niemandem mehr darüber sprechen müssen. Jetzt merkte er, dass der Kalender etwas verändert hatte. Er konnte sich nicht erinnern, jemals mit so vielen Leuten gesprochen zu haben wie in den vergangenen zwei Wochen. Selbst jene, die er nur vom Sehen kannte, mit denen er bisher nie mehr als ein paar Worte gewechselt hatte, waren ihm auf die eine oder andere Weise nahe gekommen, ob im Guten oder im Schlechten.

Wen er immer noch nicht einordnen konnte, war das Punkmädchen Mona Semrock, die Tochter seines Sportlehrers, die alle nur »Spange« nannten, obwohl sie gar keine Zahnspange trug. Vielmehr fiel Spange durch ihre regenbogenfarbenen hochfrisierten Haare auf – und dadurch, dass sie immer sagte, was sie dachte. War sie eine Freundin von Maik Mirscheidt? Oder war der nur gern in ihrer Nähe, weil sie anders war als alle anderen Mädchen in Ravenhagen?

Einmal hatte Sonja in Gegenwart des Vaters gesagt: »Ich will auch so bunte Haare haben.«

Und der Vater hatte es ihr mit aller Entschiedenheit verboten: »So eine wie die kommt mir nicht ins Haus.«

Als Jonas den Kalender unterm Bett hervorholte und auf die Nummer vierzehn blickte, fühlte er, dass er sie heute würde einordnen müssen, dass er herausfinden musste, auf welcher Seite sie stand, denn auf dem Türchen war ein Totenkopf abgebildet, ein Totenkopf mit Haaren, mit Irokesenschnitt. Ohne die Haare hätte er einen schwereren Gang vor sich gehabt, und angesichts der anderen Abbildungen, dem Auge, der Faust, dem Mantel mit Hund, ahnte er, dass ihm dieser Gang noch bevorstand, aber nicht heute.

Jonas wartete, bis die Schule, die Mittagsruhe vorbei waren, und schlich aus dem Haus. Es schneite immer noch, ein wenig stärker als gestern, doch immer noch nicht stark genug, um liegen zu bleiben. Ein eisiger Wind peitschte ihm entgegen, und er zog die Kapuze seines Anoraks so weit über den Kopf, dass er kaum nach rechts und links schauen konnte; bald kam er sich vor wie die Alte mit ihrem Nackthund, die Eisige. Immer wieder blickte er sich um, weil er meinte, verfolgt zu werden. Aber niemand nahm seinen Weg.

Er wusste, wo die Semrocks wohnten, jeder in Ravenhagen wusste das. Bei Orientierungsläufen, die Herr Semrock mehrmals im Jahr veranstaltete, gab es vor seinem Haus Erfrischungsgetränke. Es lag auf halber Strecke zwischen Schule und Wald, zweimal kam man daran vorbei, und Frau Semrock schenkte dann an alle Läufer Wasser und Limonade aus, Lerchenwasser und Lerchenlimonade. Was er nicht wusste, war, wie er unbemerkt an Spange herankommen sollte. Klingeln konnte er nicht, die Gefahr, dass Herr Semrock die Tür öffnen und ihm Fragen zu seinem Gesundheitszustand stellen würde, war zu groß. Also beschloss er, auf der gegenüberliegenden Straßenseite zu warten, bis Spange auftauchte.

Als er in die Straße einbog, hörte er ein rhythmisches Wummern und Scheppern, das lauter und lauter wurde, je näher er den Semrocks kam. In der Auffahrt standen ein Auto und zwei Fahrräder – keins davon hatte einen Eichhörnchenschwanz, wie Jonas erleichtert feststellte. Das Wummern und Scheppern verstummte, und jemand sagte dumpf wie durch eine Wand hindurch: »Okay. Gut. Gleich noch mal.« Und dann ging das Wummern und Scheppern wieder los. Da erinnerte sich Jonas, dass Spange in einer Band spielte, einer Punkband namens Die Schiefen Zähne. Vor ein paar Tagen noch hatte er überall in der Stadt Plakate von ihnen gesehen: »Die Schiefen Zähne spielen Schiefe Musik«. Jetzt waren sie verschwunden, abgerissen oder überklebt. Nur am Zaun vor *Auto Niederstrasser* nicht. Drei Zähne mit Gesichtern und Instrumenten.

Vom Bürgersteig aus war nicht auszumachen, ob die Geräusche aus der Garage oder dem Keller kamen. Kaum hatte er aber das Grundstück betreten und sich hinters Auto geduckt, um von der Küche aus nicht gesehen zu werden, wusste er, wo er hinmusste, und klopfte gegen das Garagentor. Erst als er heftiger und heftiger klopfte und weniger rhythmisch, verstummte das Wummern und Scheppern abermals, und jemand zog das Tor hoch. »Was willst du denn hier?«, fragte ein Mädchen mit hinten hochgesteckten und an den Seiten abrasierten Haaren, Jeansjacke, Minirock und zerrissener Netzstrumpfhose, einen E-Bass in der Hand.

»Lass ihn, Schiene«, sagte Spange. »Ich kenn den.« Breitbeinig stand sie, eine E-Gitarre um die Schulter geschlungen, an einem Mikrofon. Hinter ihr saß ein Junge mit Iro und schwarzem Muskelshirt am Schlagzeug, den Jonas noch nie gesehen hatte. »Was willst du?«, fragte Spange, an Jonas gewandt. »Du störst.«

»Ja«, sagte Jonas. »Ich weiß, aber …« Er zog den Kalender unter dem Anorak hervor. »Ich hab hier was, bei dem ich deine Hilfe brauche.«

Ohne sich den Kalender überhaupt anzusehen, sagte sie: »Setz dich dahin.« Sie wies auf einen Sessel voller Klamotten. »Und hör zu.«

Jonas schob die Kleidungsstücke beiseite und setzte sich. Neben ihm auf dem Tisch standen Gläser und Limonadenflaschen.

»Bedien' dich«, sagte Spange, und entgegen seinem Vorsatz, unter keinen Umständen Lerchenlimonade zu trinken, trank

er einen Schluck direkt aus der Flasche. Er hatte Durst, die vergangenen Tage hatten ihn erschöpft, und er fühlte, dass ihm noch weitere erschöpfende Tage bevorstanden. Kaum hatte er das Zeug im Mund, bereute er, es genommen zu haben. Es schmeckte süß und sauer und bitter zugleich. Und das Prickeln der Kohlensäure war so stark, als hätte er sich ein ganzes Päckchen Brausepulver auf die Zunge geschüttet. Er hatte nie verstanden, warum alle anderen so versessen darauf waren. Erst überlegte er, hinauszurennen und es draußen irgendwo auszuspucken, aber das kam ihm kindisch vor. Vor Spange wollte er sich keine Blöße geben. Dann schluckte er es herunter, gab dem Rülpser nach, der in seiner Brust aufstieg, und stellte die Flasche auf den Tisch zurück.

Schiene zog das Garagentor zu und nahm ihre Position vor dem Mikrofon wieder ein. Der Schlagzeuger schlug seine Stöcke gegeneinander, das Wummern und Scheppern setzte wieder ein, und Jonas hielt sich die Ohren zu. Aber es war so laut, dass das nicht half, jeder Ton ging ihm durch und durch. Er konnte nicht alles verstehen, was Spange sang, außer »Raben haben Krallen, die lassen sich nichts gefallen«, »lasst sie raus, lasst sie rein, ein Leben ohne Mauern wird das Paradies auf Erden sein«, »Schule ist für Streber, Zeugnisse sind Klopapier, Abitur, Zensur, Noten für die Toten« und »morgens Kotze, abends Kot, alles im Lot, alles im Lot!«, aber zwischendurch machte sie Ansagen: »Das hier ist für euch!« – »Das könnt ihr euch vor eure Ohren schreiben!« – »Das wird auf euren Gräbern stehen!« Ihre Lieder waren kurz und schnell und hießen *Jetzt mal langsam, Rebellhagen, Gerade war gestern* und *Keine Zeit für niemand,* manche dauerten nur wenige Sekunden, die längsten eine Minute.

»Und?«, fragte Spange, als sie ihre Gitarre abnahm und an den Verstärker lehnte. »Wie war's?«

Jonas nickte. »Schön.«

»Schleimer«, sagte Spange, aber sie sagte es scherzhaft, als hätte sie nichts anderes erwartet. Dann setzte sie sich auf die Lehne neben ihn. »Zeig mal her. Wobei soll ich dir helfen?«

Jonas klappte den Kalender auf und wies auf den Totenkopf. Und in dem Moment, als Spange dagegen tippte, ging das Türchen auf, und ein Stück Schokolade mit einem eingeprägten Z schoss heraus.

»Oh«, sagte Spange. »Wie cool. Hey Leute, guckt euch das an. Was für ein Gerät.« Die anderen beiden kamen zu ihnen und beugten sich über den Kalender. »Zett«, sagte der Schlagzeuger, die Stöcke noch in der Hand. »Zett wie Zähne. Ist das für uns?«

Jonas nickte, und die drei teilten das Stück unter sich auf, ohne Jonas auch nur ein bisschen davon abzugeben, und als er ihnen beim Kauen zusah, hörte er Frau Semrock von nebenan rufen: »Kinder, wollt ihr was trinken? Ich hab Limonade dabei. Lerchenlimo. Die mögt ihr doch so gern.«

»Ich muss los«, sagte Jonas.

Schiene öffnete ihm das Garagentor.

Zum Abschied sagte Spange: »Falls dir Heiligabend langweilig wird – wir spielen auf dem Marktplatz Weihnachtslieder, *O Spangenbaum, Laute Nacht, Falscher die Worte nie klingen*. Du weißt schon, die Klassiker.«

»Ja«, sagte Jonas, »ich weiß«, zog die Kapuze wieder in die Stirn und ging die Auffahrt hinunter. Im Gestrüpp zwischen den Bäumen, die das Grundstück von der Straße trennten, hörte er ein Rascheln, und als er auf dem Bürgersteig stand, sah er Maik Mirscheidt auf sich zuradeln. Für eine Sekunde erstarrte er. In seinem Kopf geriet alles durcheinander und fand zu einer neuen Ordnung. Im Moment größter Gefahr tat er das Richtige. Ohne darüber nachzudenken, sprang er ins Gebüsch hinein und rief »RAMFITZ«. Die einzige Kombination, die er nachts nicht laut vor sich hin gesprochen hatte, weil

Oppermann ihm dazwischengekommen war. Die einzige Kombination, die noch nicht verbraucht war. Es kam einfach aus ihm heraus wie ein Schimpfwort, wie ein Fluch, mit dem er sich selbst belegte. Und in dem Moment, in dem er es sagte, wurde ihm wieder ganz schwummrig zumute. Hätte er doch bloß nichts von der Limonade getrunken. Alles um ihn herum veränderte seine Gestalt, wuchs sich ins Gigantische aus, und er selbst meinte, auf die Größe von Oppermann zusammenzuschrumpfen. Der Kalender fiel neben ihm zu Boden. Ebene für Ebene klappte auseinander. Wie selbstverständlich trat Jonas in die Nummer vierzehn ein und zog die Tür hinter sich zu.

15 Bei Oppermann zu Haus

Durch einen Türspalt konnte er alles sehen und hören.

»Also gut«, sagte die Polizistin zu Sonja. »Lass uns das noch einmal zusammen durchgehen. Du sagst, du hast Jonas zuletzt vor dem Haus der Semrocks gesehen?«

»Ja«, sagte Sonja, die Augen verheult, ein Schluchzen unterdrückend. Sie saßen in einem Büro, in das nur ein Schreibtisch, drei Stühle und ein Schrank voller Akten hineinpassten. An der Wand hing ein Porträt von Bürgermeister Burma, die Haare gescheitelt, das Kinn erhoben.

Die Lamellen des Fensters waren halb herabgelassen, und obwohl es fast Mittag war und draußen hell, der Himmel klar, waren alle Lampen an, Leuchtstoffröhren, die das Zimmer in ein gleißendes Licht tauchten. Die Polizistin reichte Sonja ein Taschentuch, damit sie sich die Tränen abwischen konnte. Und das tat sie. Dann sah sie zu ihr auf, geblendet von ihrem Namen, dem silbern schimmernden Schild auf dem Schreibtisch, Kommissarin Hellborg.

»Was hast du da gemacht?«

»Ich bin ihm nachgegangen.«

»Warum?«

»Na, wegen dem Kalender.«

»Das Ding hier?« Kommissarin Hellborg wies auf den Kalender, der aufgeklappt auf dem Schreibtisch stand.

Sonja nickte.

»Und was weiter?«

»Jonas kam aus der Garage und Maik die Straße hoch. Und dann ist Jonas zu mir ins Gebüsch. Und dann war er plötzlich weg. Und der Kalender lag auf dem Boden. Ich hab ihn genommen und bin durch den Wald nach Hause. Ich dachte, Jonas kommt gleich nach.«

»Aber das ist er nicht«, sagte Kommissarin Hellborg. »Hast du eine Ahnung, wo er stecken könnte?«

Sonja schüttelte den Kopf.

»Könnte er bei Freunden sein? Hat er irgendein Versteck? Eine Höhle vielleicht. Eine Hütte im Wald.«

Wieder schüttelte Sonja den Kopf.

Aber es gab eine Hütte im Wald. Neuklaasenhausen.

Und der Vater, der hinter ihr stand, die Hände auf ihre Schultern gestützt, sagte: »Wir haben schon alles abgesucht.«

»Ja«, sagte Kommissarin Hellborg. »Meine Kollegen haben auch mit den Nachbarn gesprochen.« Sie blätterte in einer Akte, ohne die richtige Seite zu finden. »Frau Grottenolm von gegenüber sagt …«

»Rottenkolber«, verbesserte Sonja.

»… Frau Rottenkolber hat gesagt, sie hat euch beide um vierzehn Uhr aus dem Haus gehen sehen, im Abstand von ein paar Sekunden. Du bist dann gegen fünfzehn Uhr dreißig allein zurückgekehrt. Ist das so weit richtig?«

Sonja nickte.

»Was ist mit diesem Maik Mirscheidt?«

»Der wollte den Kalender«, sagte Sonja.

»Warum?«

»Weiß nicht. Er wollte ihn halt haben, und Jonas wollte ihm den nicht geben. Und mir auch nicht.«

»Wem gehört der denn?«

»Weiß nicht«, sagte Sonja wieder.

Kommissarin Hellborg sah den Vater an. Der zuckte mit den Schultern.

»In welchem Verhältnis stehen Maik und Jonas eigentlich zueinander?«

»Die spielen ab und zu zusammen«, sagte der Vater.

Und Sonja sagte: »Gar nicht. Jonas findet Maik doof.«

»Manchmal ist er vielleicht etwas … frech«, sagte der Vater zu Kommissarin Hellborg. »Wenn man bedenkt, aus was für Verhältnissen der stammt, ist das ja auch kein Wunder. Aber Jonas hat er nie ein Haar gekrümmt. Im Gegenteil: Erst vor drei Tagen hat er ihm das Leben gerettet. Der passt auf ihn auf.«

»Gar nicht«, sagte Sonja wieder.

»Ich hab ihm extra gesagt, dass er auf Jonas aufpassen soll«, sagte der Vater.

Und Kommissarin Hellborg sagte: »Maik behauptet, den ganzen Nachmittag zu Hause gewesen zu sein. Seine Mutter, der Stiefvater und die Geschwister bestätigen das.«

»Gar nicht wahr«, sagte Sonja. »Ich hab ihn doch gesehen.«

»Tja.« Kommissarin Hellborg schlug die Akte zu. »Dann steht wohl Aussage gegen Aussage. Er kann ja nicht an zwei Orten gleichzeitig gewesen sein. Das ist physikalisch nicht möglich.«

»Menschen können auch nicht einfach so verschwinden«, sagte Sonja und schnippte mit den Fingern.

Kommissarin Hellborg nickte. »Ich glaube auch, dass es hier weniger um Physik geht als um Psychologie. Um ein Trauma. Um Verdrängung. Unterdrückte Erinnerungen. Einer von euch beiden lügt mich an, und das vielleicht nicht einmal vorsätzlich. Unabsichtlich, ohne es selbst zu wissen.«

»Also, ich nicht«, sagte Sonja.

»Na, das werden wir ja sehen.« Kommissarin Hellborg wandte sich dem Vater zu. »Vielleicht ist es so. Vielleicht auch nicht. Vielleicht ist ja auch bloß die Fantasie mit ihr durchgegangen und sie kommt doch noch zur Vernunft.«

»Ich bin vernünftig«, sagte Sonja aufgebracht, den Tränen nah. »Deshalb bin ich ja zu Ihnen.«

»Das war ja auch richtig.« Zum Vater sagte sie: »Vielleicht sagt sie Ihnen etwas, was sie mir nicht sagt. Oder ihr fällt noch etwas ein, irgendein Detail, etwas vollkommen Nebensächliches. Dann rufen Sie mich einfach an, meine Karte haben Sie ja.«

»Ja«, sagte der Vater. »Und wie geht es jetzt weiter? Wir können doch hier nicht tatenlos herumsitzen.«

»Das tun wir auch nicht«, sagte Kommissarin Hellborg. »Wir leiten jetzt die Fahndung ein. Wir suchen nach ihm. Mit allen uns zur Verfügung stehenden Mitteln. Das Foto hier«, sie tippte auf das Bild, das der Vater mitgebracht hatte, »geht gleich an alle Dienststellen raus, und ich schaue mir noch einmal das Gebüsch bei Semrocks an. Er kann sich ja nicht in Luft aufgelöst haben.«

Jonas, der das Gespräch aus dem Kalender heraus aufmerksam verfolgt hatte, wollte seiner Schwester zu Hilfe kommen, die Tür mit der Nummer vierzehn ganz aufziehen, vor sie alle hintreten und berichten, was passiert war und warum, aber Oppermann hielt ihn zurück und flüsterte: »Bleiben Sie hier. Das bringt nichts. Die würden das doch nicht verstehen. Wahrscheinlich würden die Sie nicht einmal bemerken. Die Erwachsenen haben da keinen Sinn für.«

Als Oppermann das sagte, musste er an Frau Krawinkel denken, an das, was sie gesagt hatte: sich nicht in Fantasiewelten flüchten, sich an die Fakten halten, seinen fünf Sinnen vertrauen. Fakt war, man konnte nicht auf wenige Zentimeter zusammenschrumpfen, und doch war es geschehen. Er war hier, im Kalender, zusammen mit einem Mann, dem er, so winzig er auch sein mochte, bis zur Schulter reichte.

Oppermann schloss die Tür so leise wie möglich und führte ihn in seine Wohnung zurück, die am Ende eines langen, von einzelnen Lampen beleuchteten Korridors lag. Oppermanns Gummischlappen schlappten über den Boden. Bei jedem

Schritt machte es *schlapp. Schlapp, schlapp, schlapp.* Hundertmal *schlapp.* Tausendmal. Jonas kam es so vor, als wären sie kilometerweit gelaufen, aber dann dachte er, dass es womöglich an seinen kurzen Beinen lag, dass er Entfernungen nicht richtig einschätzen konnte.

Vom Korridor gingen überall Türen ab, und an jeder Tür war eine Nummer, eins bis vierundzwanzig, aber hinter den Türen verbargen sich keine Wohnungen, sondern Treppen, die hinauf- oder hinunterführten, oder neue Korridore mit neuen Türen und neuen Nummern, alle von eins bis vierundzwanzig, und immer so weiter, »ein weit verzweigtes Labyrinth«. Das hatte ihm Oppermann jedenfalls gestern bei seiner Ankunft erklärt. Er selbst wohnte gerade in der Nummer achtzehn, vierundzwanzigstes Unterdeck, achtzehnte Tür, »aber nur vorübergehend«, wie er hinzugefügt hatte. »Meine eigentliche Wohnung wird nämlich gerade renoviert.« Und so saßen sie in seiner Übergangswohnung am Tisch und tranken eine Tasse Kaffee. »Viel mehr hab ich gerade nicht da«, sagte er, kratzte seinen Fünfzehntagebart und schob ihm die Zuckerdose und das Milchkännchen hin. »Zucker, Milch?« Alle Gefäße waren aus Metall und alle Oberflächen magnetisch.

Jonas nahm den Kaffee und den Zucker und die Milch, weil er hoffte, dass er davon wieder groß werden würde, aber das tat er nicht. Offenbar konnte Oppermann Gedanken lesen, denn er sagte: »Wenn Sie wieder groß werden wollen, müssen Sie nur die zweite Botschaft laut aussprechen.« Abwehrend hob er gleich darauf die Hand. »Aber machen Sie das bitte draußen, sonst sprengen Sie den ganzen Laden hier. Ich kann Ihnen das nicht abnehmen. Jede Botschaft funktioniert nur ein Mal. Dann verliert sie ihre Wirkung. Überlegen Sie sich gut, was Sie wollen. Ich könnte jemanden brauchen, der mir ab und zu hilft, kleine Arbeiten, Besorgungen hauptsächlich. Und Sie scheinen mir ein ganz tüchtiger junger Mann zu sein. Die Ar-

beitszeiten sind ideal: einen Monat schuften, elf Monate frei. Das kommt Ihnen doch entgegen. Da können Sie tun und lassen, was Sie wollen. Sie können auch elf Monate schlafen. Ich hätte da sogar noch ein Bett für Sie.« Jonas blickte sich in dem Zimmer um, das Oppermann als seine »Übergangswohnung« bezeichnete: Küche, Wohn- und Schlafzimmer, alles in einem Raum. Oppermanns Bett stand neben dem Herd, und neben der Spüle stand ein ausklappbares Sofa. Die Möbel waren am Boden und an der Wand verschraubt. Die Teller und Tassen im Regal durch Absperrungen vorm Runterfallen gesichert. Überall lagen Klamotten und Papiere herum, und als Jonas ihn darauf ansprach, winkte Oppermann ab, als lohnte es nicht, darüber zu reden, dass die Dinge hier ständig durcheinandergewirbelt wurden, dass nichts und niemand an seinem Platz blieb, dass er selbst längst den Überblick verloren hatte. »Meine richtige Wohnung ist natürlich viel großzügiger. Und wenn Sie ein paar Jahre hier sind, bekommen Sie vielleicht ein eigenes Zimmer. Das muss die Zentrale entscheiden. So lange müssen wir uns die Bude eben teilen.«

»Und wenn ich das Wort wüsste?«, fragte Jonas, dem zu bleiben wenig verlockend erschien.

»Dann sagen Sie es nicht hier.« Oppermann stand so schwungvoll auf, dass der Stuhl hintenüberkippte und mit Federkraft, hydraulisch gedämpft, in seine Ausgangsposition zurückfiel. »Um Himmels willen. Dann muss ich hier alles neu machen. Und ich hab sowieso schon viel zu viel um die Ohren.« Er zog den Knoten seines Bademantels fester, setzte sich wieder, trank einen Schluck Kaffee und stand gleich wieder auf. »Ich mach noch mal eine neue Kanne, ja?«

»Woher kommt eigentlich der Strom?«, fragte Jonas. »Und das Wasser? Und der Kaffee?«

»Aus den Leitungen.«

Jonas sah erst zur Decke, dann zu den Wänden hin.

»Und wohin führen die? Der Kalender hat ja keine Anschlüsse.«

»Zu Ihnen.«

»Zu mir?«

Oppermann nickte. »Alles hier«, er fuhr mit der Kaffeekanne durch den Raum, »bezieht seine Energie aus Ihren Träumen.«

»Aus meinen Träumen?«

»Auch die Botschaften.«

»Wenn das so wäre, wüsste ich sie ja längst.«

»Das tun Sie auch. Die Antworten sind tief in Ihnen verborgen.«

»Und warum sind die dann so schwer zu finden?«, fragte Jonas.

»Das müssen sie sein.«

»Warum?«

»Weil sonst jeder hier reinkommen könnte.«

»Aber wie findet man die richtige?«

»So wie bei der ersten auch. Hören Sie auf den Klang. Vertrauen Sie Ihrem Gefühl. Glauben Sie an die Kraft des Wortes.«

Später führte er Jonas durch die unendlichen Korridore zur Nummer fünfzehn, zweites Zwischendeck, fünfzehnte Tür, und da sahen sie aus weiter Ferne und doch ganz nah, wie Konditor Kleineidam von außen die Tür auf der anderen Seite des Raumes öffnete – Jonas erinnerte sich vage an die Abbildung eines Kuchens –, wie er das Stück Schokolade mit einem T darauf herausnahm und es sich in den Mund steckte. »Mmh«, hörte Jonas ihn sagen, »die ist ja unglaublich, besser als meine. Das muss ich zugeben. Das Beste, was ich je gegessen habe. Was ist dadrin? Wie lautet das Rezept?«

»Weiß nicht«, sagte Sonja.

Sie hat den Kalender gerettet und sich selbst auf die Suche gemacht, dachte Jonas.

Und im selben Augenblick vernahm er die Stimme von Maik Mirscheidt: »Hier steckst du also.«

Mit einem Krachen fiel die Tür vor ihm zu.

Und dann sah und hörte er nichts mehr.

16 Begegnung mit einer Holzbiene

Als Jonas aufwachte, war er allein im Zimmer. Schlagartig fiel ihm ein, was gestern geschehen war, und alle Sorgen um Sonja waren wieder da. Den ganzen Abend hatte er über diese Fragen nachgedacht: Hatte sie sich befreien können? Oder hatte Maik Mirscheidt ihr den Kalender abgenommen? Und wenn ja, wo war er jetzt? Oppermanns Bettzeug lag halb auf dem Boden. Von der Decke baumelte eine nackte Glühbirne. Die Kaffeemaschine schnaufte und röchelte wie ein müdes Tier. Stimmte, was Oppermann zu ihm gesagt hatte, dass sich die ganze Energie hier aus seinen Träumen speiste? Aber er träumte ja jetzt nicht. Oder doch? Jonas trank eine Tasse, aber nicht, weil er so versessen darauf gewesen wäre, sondern weil er das Gefühl hatte, dass man das hier so machte, Kaffee trinken. Und weil er hoffte, davon wach zu werden, endlich klar zu sehen, die geheimen Zusammenhänge zu begreifen. Nach jedem Schluck verzog er das Gesicht, streute Zucker hinein und schenkte Milch nach, bis der Kaffee nicht mehr nach Kaffee schmeckte.

Von irgendwoher drang ein Summen zu ihm, das die Wände vibrieren ließ, dann wurde es wieder schwächer und schwächer, bevor es schließlich ganz verstummte. Er blickte auf seine Uhr, Viertel nach drei, er konnte nicht sagen, ob nachmittags oder nachts, es gab keine Fenster, nur Lampen, die im Inneren Tag und Nacht brannten und in den an den Außenwänden liegenden Räumen automatisch ausgingen, sobald eine der Außentüren geöffnet wurde. Übers Waschbecken gebeugt wusch er sich das Gesicht, und als er sich nach einem Handtuch umschaute, sah er, dass auf einem Stuhl ein Bademantel in seiner Größe lag, und auf dem Tisch daneben stand eine Kaffeetasse mit seinem Namen drauf. Mit dem Ärmel seines Pullovers trocknete er sich das Gesicht ab und setzte sich. Er nahm einen Zettel, schrieb die Buchstaben der zweiten Botschaft auf, in der Reihenfolge, in der er sie entdeckt hatte: »I, R, S, I, Z, T«. Sechs Buchstaben. Sechs Stellen. Was hatte der Vater gesagt? Wie rechnete man das aus, die Fakultät? Hatte er nicht die größte Zahl mit der nächstgrößten multipliziert? Sechs mal fünf ergab dreißig. Dreißig mal vier hundertzwanzig. Hundertzwanzig mal drei dreihundertsechzig. Dreihundertsechzig mal zwei siebenhundertzwanzig. Und siebenhundertzwanzig mal eins siebenhundertzwanzig. Siebenhundertzwanzig Möglichkeiten. Nur siebenhundertzwanzig. Jonas war erleichtert. Doch die Freude darüber hielt nicht lange an. Bald stand er nämlich vor einem neuen Problem: Zwei Buchstaben waren doppelt vorhanden. Das verringerte die Kombinationsmöglichkeiten. Aber in welchem Maße? Um die Hälfte? Dreihundertsechzig Wörter? Er konnte es nicht fassen. Im Vergleich zu den fünftausendvierzig Varianten der ersten Botschaft erschien ihm die zweite lächerlich einfach zu sein. Noch dazu, weil es nur zwei Vokale gab, zwei identische Vokale. Er schrieb einige Wörter hin, »RISIZT, SIRIZT, ISRIZT«, beschloss dann aber, seinem Gefühl zu vertrauen. Das Erste, was ihm im entscheidenden Moment einfiel, würde das Richtige sein. Hatte Oppermann das nicht zu ihm gesagt? Wo steckte der überhaupt? Jonas ließ den Stift fallen und trat auf den Korridor hinaus. Ein paarmal rief er nach Oppermann, erhielt jedoch keine Antwort. Erst ging er in die eine Richtung, dann in die andere. Manchmal klopfte er an eine der Türen, aber niemand rief »Herein«, niemand machte sie auf. Und als er selbst eine Klinke herunterdrückte, betrat er einen anderen Korridor, der dem, aus dem er kam, zum Verwechseln ähnlich sah. Wieder vernahm er das Summen. Und wieder vibrierten die Wände. Es schien von nebenan zu kommen, und er öffnete die nächstbeste Tür und sah sich sogleich einer riesigen schwarzen Biene gegenüber, die mit aufgerissenen Mandibeln auf ihn zuflog. Vor Schreck fiel Jonas in den Korridor zurück, und Oppermann, der hinter ihm aufgetaucht war, drückte die Tür zu, bevor die Biene ihn erreichen konnte: »Menschenskind, was laufen Sie hier denn alleine herum?«

»Ich … ich hab … Sie gesucht«, stammelte Jonas.

»Na, jetzt haben Sie mich ja gefunden. Um diese Jahreszeit kommen die Viecher von überall herein.«

»Ich bin so froh, dass Sie da sind.« Jonas erhob sich und klopfte sich den Staub von der Hose, fast wäre er Oppermann um den Hals gefallen, so erleichtert war er, ihn wiederzusehen. »Was war das überhaupt?«

»Eine Holzbiene. Die sind gerade alle auf der Suche nach einem Winterquartier. Jemand muss irgendwo eine Tür offen gelassen haben. Um alles in diesem Kasten muss man sich selbst kümmern!«

»Die war ja riesig.«

»Ach was. Die sind harmlos. Was glauben Sie, was los ist, wenn hier Spinnen reingeraten, wenn die hier ihre Nester bauen?«

»Ihre Nester?«

»Keine Sorge. Ich habe alles im Griff.«

Nichts klang besorgniserregender in Jonas' Ohren als dieser Satz. Wieder sah er auf seine Uhr, immer noch Viertel nach drei. Dabei mussten Stunden vergangen sein. Aber dann dachte er, vielleicht stimmte das gar nicht, vielleicht war er nur einmal über den Korridor gegangen. Er hatte jede Orientierung und jedes Zeitgefühl verloren.

»Kommen Sie«, sagte Oppermann und schlappte so schnell den Gang entlang, dass Jonas ihm kaum folgen konnte.

»Wo gehen wir hin?«, fragte er, völlig außer Atem.

»Zur Sechzehn. Erstes Oberdeck Nummer sechzehn. Sie müssen Ihrer Schwester helfen.«

»Was ist denn passiert?«

»Soweit ich in Erfahrung bringen konnte, hat sie Maik Mirscheidt – ein übler Bursche, wirklich, absolut keine Manieren – gestern in der Konditorei abschütteln können. Sonst wären wir wohl auch nicht mehr hier. Wer weiß, was der mit einem Kalender wie diesem anstellt? Wenn ich daran denke, was Ihr Vater gemacht hat. Bumm, bumm, bumm!« Dreimal hieb Oppermann mit der Faust durch die Luft. »Die Schläge sind mir durch Mark und Bein gegangen. Ein Wunder, dass er's nicht aufgekriegt hat. Das Ganze hier« – er sah sich im Raum um – »ist, ich sagte es Ihnen schon, nicht im allerbesten Zustand.«

»Und wo ist Sonja jetzt?«

»Bei diesem Uhrmacher, Brombacher. Erinnern Sie sich an die Taschenuhr auf dem Türchen? Nein? Die Kleine hat's jedenfalls rausgekriegt. Und Maik Mirscheidt auch. Also dumm ist der nicht. Gemein, gefährlich. Aber nicht dumm. Eine üble Mischung.«

»Und wo sind wir?«

»Wir sind auch da. Bei Brombacher im Laden. Warten Sie's ab. Sie werden's gleich sehen.«

Mit einem Mal verfinsterte es sich um sie herum und vor ihnen wurde es hell, ein Lichtschein fiel in den dunklen Raum hinein, das Ticken von tausend Uhren drang zu ihnen, verstärkte sich, schwoll zu einer ohrenbetäubenden Symphonie an, der Kalender wirkte wie ein Resonanzkörper, und Jonas sah das riesige Gesicht von Herrn Brombacher. »So was«, sagte der. »Da ist ja tatsächlich ein Stück Schokolade drin.« Und darauf war eine Drei zu sehen. »Hier. Leider darf ich nichts Süßes.« Er reichte es Sonja.

Und die nahm es.

»So, mein Kind. Und jetzt muss ich weitermachen. Ich habe gar keine Zeit für dich. Alle Uhren müssen aufgezogen, alle Zeiger in Position gebracht werden, ich muss alles ständig im Blick behalten. Ich kann mich da nicht auch noch um dich kümmern. Geh schön spielen.«

»Kann ich nicht hier spielen?«

»Nein, nein, nein, das geht nicht, Kind. Das ist kein Spielplatz hier. Geh schön nach Hause und spiel mit deinen Puppen.«

»Ich hab keine Puppen. Nur ein Puppenhaus.«

»Ein Puppenhaus ohne Puppen?«

»Von Papa.«

»Das sieht dem alten Klaasen ähnlich. Hat er die auch weggezaubert? Dein Vater ist ja ein Meister des Verschwindens. Jedenfalls war er das mal. Wusstest du das? Das war seine große Nummer. Keiner konnte das so gut wie er.«

»Aber es stehen Möbel drin«, sagte Sonja.

»Wo drin?«, fragte Herr Brombacher.

»Na, in dem Puppenhaus. Ganz kleine Möbel. Tische und Stühle und Betten und Truhen und Schränke. Alles voll. In jedem Zimmer.«

»Schön, mein Kind, das freut mich, das ist ganz wunderbar.«

»Aber zu Hause haben wir ein Zimmer, da steht nichts drin. Da hat Oma Trudl drin gewohnt.«

»In einem leeren Zimmer?«

»Nee. Davor … Bevor …«

Jonas hörte die Türklingel, Sonja unterdrückte einen Schrei und ließ die Schokolade fallen.

Maik Mirscheidt sagte: »Ich hab hier das Parfüm für Sie, Herr Brombacher, das, das Sie bestellt haben.« Manche Worte sprach er besonders laut und deutlich aus, als wäre Herr Brombacher schwerhörig, und Herr Brombacher antwortete auf die gleiche Weise: »Ach ja, richtig«, sagte er, »genau zur rechten Zeit. Heute Abend bin ich nämlich auf einer Weihnachtsfeier eingeladen. Warte, ich habe das Geld schon rausgelegt, hinten im Büro.«

Und als Herr Brombacher nach nebenan ging, trat Maik Mirscheidt an Sonja heran. »Diesmal entwischst du mir nicht.«

Und Jonas sagte das Wort, das ihm auf der Zunge lag: »ZIRIST!« – obwohl Oppermann ihn inständig davor gewarnt hatte, die Botschaft innerhalb des Kalenders laut auszusprechen.

17 Jonas und der Orientierungslauf

»Wo hast du bloß die ganze Zeit gesteckt?«, fragte der Vater beim Frühstück. Es war bestimmt das hundertste Mal, dass er ihm diese Frage stellte, und Jonas hatte ihm hundert Mal dieselbe Antwort gegeben: »Im Kalender.«

»Jetzt sag mir endlich die Wahrheit.« Auch das hatte der Vater schon hundert Mal gesagt.

»Das ist die Wahrheit.«

Das gleiche Gespräch hatte Jonas am Tag zuvor mit der Polizistin geführt, Kommissarin Hellborg. Auch sie hatte Jonas nicht geglaubt, seine Aussage aber trotzdem zu Protokoll genommen und als geistige Verwirrung eingestuft – als Folge des Fiebers, von dem der Vater gesprochen hatte, oder aufgrund eines erlittenen Traumas – und ihn an Doktor Gumbrecht verwiesen, er solle sich dort, in dessen Praxis, einmal gründlich untersuchen lassen, von Kopf bis Fuß.

»Quacksalber«, hatte der Vater auf dem Nachhauseweg zu ihm gesagt, »die wollen einem bloß das Geld aus der Tasche ziehen. Na, man gut, dass du wieder da bist. Das ist die Hauptsache.«

»Er war wirklich im Kalender«, sagte Sonja jetzt. Jonas hatte ihr alles erzählt. Von Oppermann. Dem Labyrinth. Und der Holzbiene.

Und der Vater sagte: »Ihr zwei, ihr steckt doch unter einer Decke. Erst streitet ihr bei jeder Gelegenheit, und jetzt seid ihr unzertrennlich. Wie kommt das plötzlich?«

»Wir stecken gar nicht unter einer Decke«, sagte Sonja. »Jonas schläft in seinem Bett und ich in meinem.«

»Du weißt genau, wie ich das meine«, sagte der Vater, wischte sich die Hände am Handtuch ab und öffnete die Tür zur Werkstatt. »Wenn ich wiederkomme, will ich, dass hier alles picobello ist, verstanden?«

Jonas und Sonja sahen sich an und sagten wie aus einem Mund: »Verstanden!«

»Und der Kalender bleibt, wo er ist.«

Aber der Kalender blieb nicht, wo er war. Der Vater stellte ihn auf den höchsten Schrank im Haus, damit die Kinder ihn nicht erreichen konnten.

Auch da blieb er nicht lange. Jonas holte die Leiter. Sonja kletterte hinauf. Kaum war der Vater in der Werkstatt verschwunden, stand der Kalender wieder auf dem Nachttisch. Anstatt aufzuräumen, saßen die Kinder davor und versuchten, Oppermann dazu zu bewegen herauszukommen, aber der ließ sich nicht blicken. »Dem hab ich einen ganz schönen Schrecken eingejagt«, sagte Jonas. »Du hättest sein Gesicht sehen sollen.«

»Was hast du denn gesagt?«

»ZIRIST«, sagte Jonas. »Aber das hat ja nicht geholfen, und dann hat er mich vor die Tür gesetzt.«

»Und erst da hast du ›SIRITZ‹ gesagt.«

»Ja, na ja, erst hab ich ›RISTZI‹ gesagt, dann ›TISRIZ‹ und dann ›SIRITZ‹. Die Botschaft war viel einfacher als die erste. Bloß dreihundertsechzig Möglichkeiten.«

»Dreihundertsechzig«, sagte Sonja erstaunt.

»Was wohl passiert wäre, wenn ich beim ersten Versuch noch innen drin gewesen wäre.«

»Dann wär der jetzt kaputt.« Sie tippte auf den Kalender.

»Ja«, sagte Jonas, »genauso kaputt wie Maik«, und Sonja fing an zu lachen und kriegte sich gar nicht wieder ein. Es war die Erleichterung darüber, dass Maik Mirscheidt sie nicht erwischt hatte. Was Jonas damit meinte, war, dass die Leute

Maik Mirscheidt noch weniger glaubten als ihnen, den Klaasenkindern. Der Polizei hatte Maik Mirscheidt nämlich erzählt, Jonas sei aus dem Kalender gekommen, ein Zwerg, kleiner als ein Zwerg, ein Winzling, und auf ein Wort hin gewachsen, bis er wieder genauso groß gewesen sei wie vorher. »Keine Ahnung, wie er das angestellt hat, aber es war so«, sagte Maik Mirscheidt zu Kommissarin Hellborg. »Ich schwöre.«

Und Herr Brombacher sagte: »Also ich weiß nicht, als ich aus dem Büro kam, stand Jonas plötzlich da. Aus seinem Versteck aufgetaucht. Ich hatte den Eindruck, die haben sich da alle zum Spielen verabredet. Deshalb hab ich sie dann ja auch rausgeschmissen. Ein Uhrengeschäft ist kein Spielplatz. Die Zeit ist eine ernste Sache, wie Sie wissen.«

»Ja«, sagte Kommissarin Hellborg. »Besonders in einer Stadt wie Ravenhagen.«

»Ja«, sagte Herr Brombacher. »Wir sind hier sehr stolz auf unsere Pünktlichkeit.«

Um Zeit ging es auch bei dem, was Jonas nach der Chorprobe erwartete: Heute fand nämlich einer von Herrn Semrocks vierteljährlichen Orientierungsläufen statt. Und während im Frühling und Sommer bei schönem Wetter fast alle Schüler hochmotiviert daran teilnahmen, versuchten sich im Herbst und Winter viele davor zu drücken, täuschten Krankheiten oder Verletzungen vor oder halfen ihren Eltern übertrieben gern bei der Hausarbeit und auf dem Wochen- oder Weihnachtsmarkt. In den Umkleideräumen der Turnhalle herrschte trotzdem Hochbetrieb, es war viel zu wenig Platz für alle da, und so kamen manche schon im Trainingsanzug oder in Leggins auf dem Sportplatz an. Sonja war auf Anraten von Frau Menger-Ratsch ganz in Rot gekleidet, und Spange trug einen selbst bemalten Pullover mit der Aufschrift »Trimm dich tot«, sehr zum Missfallen ihrer Eltern. Jonas hatte sich bei der Auswahl seiner Garderobe keine besondere Mühe gegeben,

sondern das angezogen, was er, wenn sie während des Sport-
unterrichtes auf der Tartanbahn ihre Runden drehten, immer
anhatte: weiße Turnschuhe, weiße Jogginghose, weißer Blou-
son. Das einzig Besondere war, dass er in seiner Sporttasche
den Kalender dabeihatte, eingeschlagen in ein Handtuch.

Er hatte ihn mitgenommen, weil auf dem Türchen des Tages Turnschuhe abgebildet waren und er annahm, dass die
heutige Aufgabe etwas mit Herrn Semrock zu tun haben müsse. Aber als Jonas ihn vor dem Lauf fragte, ob er das Türchen
für ihn öffnen könne, sagte er: »Das könnte dir wohl so passen,
was? Immer zu spät zur Schule kommen, und dann noch dafür
belohnt werden. Und was ist, wenn ich das jetzt mache? Gehst
du dann wieder nach Hause und legst dich hin? Oder versteckst dich wieder für ein paar Tage? Aber ich bin ja kein
Unmensch, ich will dir ja helfen. Und ich helfe dir auch. Unter
einer Bedingung.«

»Und die wäre?«

»Dass du den Lauf gewinnst. Ich erwarte von dir, dass du
um dein Leben läufst.«

Jonas hatte keine Ahnung, wie er das anstellen sollte. Am
Orientierungslauf durften alle Jahrgänge teilnehmen, es gab
keine Altersklassen, sondern nur Einzelwertungen, jeder lief
für sich allein und gegen alle zusammen, und die älteren Schüler mit ihren langen Beinen waren klar im Vorteil gegenüber
den Jüngeren. »Mir egal, wie du das anstellst. Aber versuch ja
nicht, mich zu veräppeln. Überall stehen Kontrollposten.«

Und so zog Jonas die Kapuze über den Kopf und rannte um
sein Leben, durch den immer dichter fallenden Schnee, der
jetzt auch auf dem Boden liegen blieb, über die rutschigen
Blätter, durch den dunklen Wald mit seinen Wurzeln und Ästen, seinen Unebenheiten. Auf einer Lichtung versuchte ihm
Maik Mirscheidt von hinten in die Beine zu treten, aber er war,
vom Rauchen geschwächt, nicht schnell genug. Als er es ein

zweites Mal probierte, auf einer anderen Lichtung, einer größeren, war ihm Jonas so weit voraus, dass Maik ihn nicht mehr vom Schnee unterscheiden konnte. Solange Jonas auf freiem Feld lief, war er unsichtbar. In der Stadt querte die alte Frau mit ihrem Nackthund seinen Weg. Und auf einer Wiese kam ihm der Imker mit seinem weißen Bienenanzug entgegen, mit großen, umständlichen Schritten, als wäre er nach jahrelanger Fahrt durchs All einem Raumschiff entsprungen und auf einem ihm fremden Planeten gelandet. Nach der ersten Runde schenkte Frau Semrock Wasser und Limonade aus und sammelte die leeren, von den Läufern achtlos weggeworfenen Becher wieder ein.

Anfangs lag Jonas weit zurück, das Schrumpfen und Wachsen hatte ihn mehr Kraft gekostet, als er angenommen hatte, aber nach und nach setzte es auch neue Energien in ihm frei, ungeahnte Energien, und so überholte er einen nach dem anderen, und er wäre auch als Erster ins Ziel gekommen, wenn ein kleiner Junge vor ihm nicht zusammengebrochen wäre und Jonas ihm aufgeholfen hätte. Gemeinsam liefen sie über die Ziellinie, als Zehnte, und Herr Semrock war davon so beeindruckt, dass er seine Bedingung Bedingung sein ließ und das Türchen des Tages aufzog. »Wie gesagt, ich bin ja kein Unmensch.« Die Schokolade dahinter – darauf war ein F zu sehen – reichte er allerdings gleich an den kleinen Jungen weiter. »Der muss zuerst wieder zu Kräften kommen.«

18 Das Geheimnis des Kaffees

»Wie Sie in aller Ruhe schlafen können, ist mir ein Rätsel. Nach allem, was passiert ist.« Oppermann stand direkt neben Jonas' Ohr. Und doch kamen die Worte wie aus weiter Ferne. Und dann wurde es heiß. Als hätte ihn etwas gestochen, ein kurzer, brennender Schmerz. Oppermann hatte ihm einen Schluck Kaffee ins Ohr geschüttet.

»Hey!« Jonas fuhr im Bett auf, woraufhin das Kissen sich derart wölbte, dass Oppermann umfiel und sich der Rest des Kaffees übers Laken ergoss. »Was fällt Ihnen ein! Und jetzt das.« Jonas zeigte auf den Fleck, kleiner als ein Fingernagel.

»Das ist doch nicht meine Schuld. Sie hätten ja ganz langsam hochkommen können.« Oppermann zupfte seine Pudelmütze zurecht.

»Sie haben doch damit angefangen.«

»Nein, das stimmt nicht«, sagte Oppermann, rappelte sich unter Stöhnen und Fluchen wieder auf und sprang auf den Nachttisch zurück. »Sie haben damit angefangen. Um ein Haar hätten Sie den Kalender zerstört. Und wo hätte ich dann wohnen sollen? Hier bei Ihnen etwa?« Er fuchtelte mit der leeren Kaffeetasse in der Hand herum. »In diesem Saustall?«

»Bei Ihnen sieht's ja auch nicht besser aus«, sagte Jonas.

»Sie waren ja nur in einer meiner Übergangswohnungen. Wenn Sie meine richtige Wohnung gesehen hätten, im ersten Oberdeck, da wären Ihnen vor Neid die Augen übergegangen, so groß und prachtvoll und aufgeräumt ist die. Ich hatte da sogar einen Hausmeister.«

»Ich dachte, Sie sind der Hausmeister.«

»Tja, ja«, sagte Oppermann und fuhr sich durch den Achtzehntagebart. »Für den Kalender schon. Aber für meine Wohnung war jemand anderes zuständig, die hatte einen eigenen Hausmeister, den Quartiermeister.«

»Und wo ist der jetzt?«

»Der wurde entlassen.«

»Von wem?«

»Von mir.«

»Warum?«

»Er hat meinen Kaffee getrunken. Den ganzen lieben langen Tag hat er auf der faulen Haut gelegen und Kaffee getrunken.«

»So wie Sie«, sagte Jonas.

»So«, sagte Oppermann. »Jetzt reicht's. Jetzt geh ich wieder rein. Und glauben Sie ja nicht, dass ich noch mal rauskomme.«

»Tut mir leid«, sagte Jonas. »Das ist mir so rausgerutscht. Das war nicht so gemeint.«

»Anscheinend rutscht Ihnen öfter mal was raus.« Oppermann blieb im offenen Türchen stehen und drehte sich noch einmal zu Jonas um. »Wenigstens können Sie sich jetzt ja in etwa vorstellen, wohin das führen kann, wenn man am falschen Ort zur falschen Zeit das richtige Wort sagt.«

»Was hat es eigentlich mit dem Kaffee auf sich?«, fragte Jonas.

»Wie kommen Sie jetzt darauf?«

»Auf dem Türchen.« Jonas zeigte an Oppermann vorbei.

Und der beugte sich zur Seite, um sich den auf dem Türchen abgebildeten Kaffeebecher anzuschauen. »Ach das. Das verleiht mir die Kraft, die ich brauche.«

»Wozu?«

»Um den Tag zu überstehen. Kaffee ist mein Lebenselixier.«

»Ich dachte immer, Kaffee ist ungesund. Das sagt Papa jedenfalls.«

»Jetzt erzähl ich Ihnen mal was«, sagte Oppermann, stellte die Kaffeetasse neben sich, schob das Stück Schokolade nach draußen, auf dem, wie Jonas sehen konnte, ein U eingeprägt war, und setzte sich darauf wie auf ein Bett. »Es war einmal ein König …«

»Welcher König?«

»Gustav der Dritte. Aber das tut nichts zur Sache. Also, es war einmal ein König, und der hieß Gustav, und der wollte beweisen, dass Kaffee giftig ist. Er begnadigte zwei zum Tode verurteilte Verbrecher und ließ den einen in seiner Zelle fortan Kaffee, den anderen Tee trinken.«

»Was hatten die denn verbrochen?«

»Das weiß ich nicht. Darum geht es nicht. Also weiter. Die Häftlinge tranken und tranken, erst Tage und Wochen, dann Monate und Jahre.«

»Und was war mit König Gustav dem Dritten?«

»Der hat das Ende des Experimentes nicht erlebt. Aber das macht nichts. Um den geht es nicht. Also: Die Wärter reichten den beiden Häftlingen weiterhin Tee oder Kaffee … Alles unter Aufsicht von Ärzten … Erst starb der eine Wärter, dann der andere. Beide wurden durch neue Wärter ersetzt, bis die auch starben und durch neue ersetzt werden mussten … Ebenso erging es den Ärzten.«

»Woran starben die denn alle?«

»Das weiß ich nicht. Das ist auch egal. Entscheidend ist, dass der Teetrinker vor dem Kaffeetrinker starb … Im Alter von dreiundachtzig Jahren.«

»Und was ist dann passiert?«

»Der Kaffeetrinker wurde entlassen. Keiner weiß, wie alt er geworden ist. Womöglich lebt er noch heute. Wahre Geschichte. So«, Oppermann sprang von der Schokolade und schob das Stück wieder in den Kalender hinein, »ich muss dann mal weitermachen.«

Königliches Experiment

№ 134

Wir, Gustav König von Gottes Gnaden
und Liebhaber der modernen Wissenschaften,
werden hiermit beweisen, daß
Kaffee zu bechern
schädlicher ist als wie Tee.
Profit!

Coffeum   Thea

Serviervorschlag

»Und was ist mit der Schokolade? Wollen Sie die etwa schon wieder ganz allein essen?«

»Nein«, sagte Oppermann und rieb sich den Bauch. »Natürlich nicht. Das wäre nicht gut. Das sollte ich nicht … Die teile ich mir mit den Holzbienen. Von irgendwas müssen die im Winter ja leben. Aber ich hab hier was für Sie.« Oppermann verschwand für eine Weile, Jonas hörte, wie das Schlappen seiner kleinen Schritte leiser und leiser und dann wieder lauter und lauter wurde. »Ihre Tasse. Und Ihren Bademantel. Die haben Sie vergessen.«

»Aber die sind mir doch jetzt viel zu klein«, sagte Jonas.

»Tja«, sagte Oppermann. »Das ist Ihr Pech. Sie hätten ja bei mir bleiben können.« Dann zog er das Türchen hinter sich zu, machte es aber gleich wieder auf. »Ach so, eine Sache noch, eh ich's vergesse. Das ist wichtig. Das betrifft die dritte Botschaft. Das müssen Sie wissen, sonst funktioniert der Trick nicht.«

»Welcher Trick?«

Aber in dem Moment kam der Vater ins Zimmer und sagte: »Los, Jonas, aufstehen, wir müssen zur Kirche.«

Und als Jonas wieder zum Kalender blickte, war Oppermann verschwunden.

»Hatte ich den nicht auf den Schrank gestellt?« Der Vater wies auf den Kalender.

Jonas nickte schuldbewusst.

»Kein besonders gutes Versteck, was?« Der Vater setzte sich zu ihm auf die Bettkante.

»Nein«, sagte Jonas. »Nimmst du ihn mir jetzt wieder weg?«

»Nein, nein«, sagte der Vater und strich Jonas über den Kopf.

»Versprochen?«

»Versprochen. Wenn du mir auch etwas versprichst.«

»Was denn?«

»Dass du auf dich aufpasst. Dass du nicht noch einmal in die Pasel springst. Dass du nicht mehr für Tage verschwindest.

Dass du keinen Quatsch mehr in der Schule machst. Dass du deiner Schwester nichts mehr wegnimmst.«

»Versprochen.«

19 In der Höhle des Drachen

Vor dem Fenster war es noch dunkel, aber an den Rändern der Scheiben hatte sich Schnee festgesetzt. Einer der letzten Schultage brach an. Jonas konnte es nicht erwarten, endlich frei zu haben, endlich Weihnachten, endlich Ferien. Gleichzeitig gab es noch so viel zu erledigen und so viele unbeantwortete Fragen. Was hatte Oppermann ihm gestern sagen wollen? Wieso beobachtete Frau Rottenkolber alle Leute? Weshalb trug Imker Horvath ständig und überall seinen Bienenschutzanzug – selbst im Winter? Was hatte es mit Maik Mirscheidts Botengängen für *Le Nez* auf sich? Warum wollte Kito Niederstrasser, dass er ihm das Lösungswort zuerst sagte? Und wer war die alte Frau, die Eisnerin, die Eisige?

Die Zeit vor den Feiertagen war die knappste des ganzen Jahres. Er wünschte, er könnte zu Brombacher hinübergehen und die Uhren anhalten, wenigstens für ein paar Stunden. Er stellte sich vor, was dann passieren würde: lauter Menschen, die wie eingefroren dastanden und dasaßen, nur er selbst wuselte um sie herum, tauschte die Hüte und Geschenke aus, steckte ihnen Schnee in die Krägen, zog die Reißverschlüsse ihrer Hosen und Röcke auf.

Das waren seine Morgengedanken.

Dann schaute er zum Nachttisch hinüber, zum Kalender, rief nach Oppermann, aber der ließ sich nicht blicken. War er wieder weitergezogen? In die Nummer vierundzwanzig? War das die Wohnung des Hausmeisters im ersten Oberdeck, mit ihren großen und prachtvollen Zimmern? Immerhin waren die Zahlen und Bilder auf zwei Türchen verteilt, die Zwei auf dem einen, die Vier auf dem anderen; und darunter: ein Hund ohne Fell, ein Mantel ohne Gesicht. Oder lief Oppermann in den Gängen herum? Oder trank er Kaffee mit den Holzbienen in dem kleinen Zimmer, im vierundzwanzigsten Unterdeck, in dem auch er übernachtet hatte? Und was hatte es mit der dritten Botschaft auf sich? Fragen über Fragen.

Auf dem Türchen des Tages war eine Vase abgebildet. Eine Vase ohne Blumen. Bauchförmig, sich nach oben hin verjüngend, filigranes Dekor, mit floralen Ornamenten und einem sich rundherum windenden feuerspeienden Drachen. Jonas erinnerte sich, solche Vasen schon einmal gesehen zu haben: Vor ein paar Monaten war der Vater mit Sonja und ihm chinesisch essen gegangen, ins Restaurant *Ming Dynastie* am Bahnhof. Der Kellner, ein Mann namens Li, hatte ihm viel über Drachen und Dinosaurier erzählt. Und deshalb beschloss Jonas, nach der Schule dorthin zu gehen und Herrn Li um Rat zu fragen oder ihn, falls er der Richtige war, zu bitten, das Türchen für ihn zu öffnen.

Unten saßen der Vater und Sonja schon beim Frühstück. Der Vater rief nach ihm, mahnte ihn wie üblich zur Eile, dabei trödelte er nicht mehr, er war jetzt voll und ganz mit der Lösung des »Großen Ravenhagener Rätsels«, wie er es nannte, beschäftigt. Bevor er nach unten ging, versteckte er den Kalender in Sonjas Zimmer. Nicht weil er annahm, dass der Vater nach ihm suchen würde, sondern weil er Angst hatte, dass Maik Mirscheidt noch einmal bei ihnen auftauchen könnte. Er wollte nichts riskieren, nicht jetzt, so kurz vor dem Ziel.

Alle waren froh, dass Jonas wieder da war. In der Schule, während der großen Pausen, hielt sich Jonas in der Nähe der Aufsichtslehrer auf, sodass Maik Mirscheidt nicht näher als ein paar Meter an ihn herankam. Manchmal zischte er ihm etwas zu: »Es ist noch nicht vorbei.« Oder: »Der Kalender gehört mir.«

Nachmittags lief Jonas, so schnell er konnte, nach Hause. Der Kalender war noch da, und nach dem Essen ging Jonas zum Chinarestaurant am Bahnhof.

»Eine sehr schöne Vase«, sagte Herr Li, über den aufgeklappten Kalender gebeugt. Er war fast ganz in schwarz gekleidet, Schuhe, Hose, Weste, Fliege – nur das Hemd war weiß. »Altes China.« Er lachte. »Ming Dynastie.« Und zeigte auf das Schild über dem Tresen. »Da bist du hier richtig.«

»Der Drache sieht eher aus wie eine Schlange«, sagte Jonas. »Nicht wie ein Dinosaurier.« Er hatte es schon einmal gesagt, bei seinem ersten Besuch.

»Das war früher, bevor die Dinosaurier entdeckt wurden, immer so«, sagte Herr Li. Auch das hatte Herr Li Jonas schon einmal gesagt. »Früher hatten Drachen den Körper einer Schlange, den Kopf eines Krokodils, die Tatzen einer Katze, die Flügel einer Fledermaus. Der Drache ist ein Mischwesen, eine Chimäre. Wir nennen ihn *Lóng*. Er kann jede Gestalt annehmen. Auch die menschliche.«

»Können Sie die da öffnen?« Jonas zeigte auf die Nummer neunzehn.

»Das Türchen da? Sicher.« Herr Li zog an dem kleinen Griff, aber nichts geschah. Er drückte gegen das Türchen – ohne Erfolg. »Ich könnte es mit einem Messer versuchen.«

»Nein«, sagte Jonas. »Das hilft nicht. Das hab ich auch schon versucht. Ich muss den Richtigen finden.«

»Den Drachentöter!« Herr Li lachte wieder.

Aber Jonas war nicht zum Lachen zumute. »Ja, kennen Sie einen?«

»Leider nicht.« Herr Li gab ihm den Kalender zurück. »Aber Drachen sind Sammler. In ihren Höhlen horten sie die kostbarsten Schätze. Perlen. Und Jade. Finde die Höhle, dann findest du den Drachen. Und wo der Drache ist, ist der Türöffner nicht weit.«

Wieder ein Rätsel, dachte Jonas, als er aus der *Ming Dynastie* ins Freie trat und gleich wieder vom immer dichter fallenden Schnee in Empfang genommen wurde. Überall lieferten sich Kinder Schneeballschlachten, auch er wurde von einigen Bällen getroffen, die ihn dazu verleiten sollten, an den Kampfhandlungen teilzunehmen. Aber er ging einfach weiter, ging durch die Schussfelder hindurch, die Kapuze seines Anoraks tief ins Gesicht gezogen, ständig auf der Hut vor Maik Mirscheidt. In Höhe des Rathauses kam ihm die alte Frau mit ihrem Nackthund entgegen. Wie selbstverständlich wechselte er die Straßenseite. Tauchte in eine der Gassen ein. Rannte, bis er nicht mehr konnte. Bis er sich sicher war, allein zu sein.

Eine Weile stand er unschlüssig vor der Kirche der toten Täufer und betrachtete die steinernen Wasserspeicher, die Gargylen, wie der Vater sie genannt hatte, die rechts und links aus dem Gebäude ragten, Dämonen, Lindwürmer, Gluhschwänze. War das die Höhle des Drachen, von der Herr Li gesprochen hatte? Aber im Inneren gab es keine Schätze: keine goldenen Prozessionskreuze, keine Edelsteinmonstranzen, keine Mitren aus Seide wie im Großgottumer Dom. Der Leuchter überm Altar war aus vergoldetem Messing. Die Bibel auf der Kanzel höchstens ein paar Jahre alt. Den einzig kostbaren Gegenstand, einen silbernen Abendmahlsbecher, nahm Pastor Büssemeier nach jedem Gottesdienst mit ins Pfarrhaus.

Von unten besehen wirkten die Figuren nicht besonders furchterregend, mit bloßem Auge waren die Details aus der Ferne kaum zu erkennen. In der Schule hatte Frau Krawinkel ein Buch voller Bilder herumgegeben, *Die Geheimnisse von Ravenhagen,* und die Erinnerung daran, an die Fratzen und Tatzen, an die aufgerissenen Mäuler und zum Absprung bereiten geflügelten Wesen, versetzte ihn derart in Angst und Schrecken, dass er, ohne einen klaren Gedanken fassen zu können, über den Platz taumelte und erst wieder zu Bewusstsein kam, als er, mit dem Kopf voran, gegen das Schaufenster von Antiquitäten Fahrenholz stieß.

Darin waren chinesische Vasen ausgestellt, und eine davon hatte das gleiche Muster wie die auf dem Türchen. Er betrat den Laden. Auf Regalen und Podesten standen die exotischsten Dinge: englische Kaminhunde, ein Mond-Pektoral, ein japanischer Pinselständer, eine Wappenkogge, eine Spielkartenpresse, ein Milchtopf mit der Aufschrift »Sei brav und gut«, Stickrahmen und Webstühle, Wollkratzer und Flachsbrecher, Kupferstiche und Gemälde, Pfeifen und Humidore.

Herr Fahrenholz kam hinter einem roten Samtvorhang hervor. Erst lächelte er bis über beide Ohren, aber wen auch immer er erwartet hatte – als er Jonas sah, änderte sich sein Gesichtsausdruck. Jonas durchzuckten die Worte von Herrn Li, und er fragte sich, welche Rolle Fahrenholz in diesem Spiel spielte, wer er war: der Drache oder der Drachentöter, und was schlimmer war: dem zu begegnen, der den Schatz angehäuft hatte, oder dem, der sich seiner bemächtigt hatte. »Jonas Klaasen! Was führt dich zu mir? Hat dein Vater dich geschickt? Will er mir wieder eines seiner Werke andrehen? Ich nehme nur alte Sachen. Echte Antiquitäten. Nichts Neues. Keine Fälschungen.«

»Ich bin wegen dem hier.« Jonas zog den Kalender unter dem Anorak hervor.

»Ein schönes Stück«, sagte Herr Fahrenholz und klappte den Kasten auf. »Ein Adventskalender.« Er hielt ihn gegen das Licht, begutachtete das Holz, den Zuschnitt, die Verarbeitung. »Frühes 20. Jahrhundert.« Dann legte er ihn auf den Tresen zurück. »Aber nicht viel wert. Was willst du dafür haben?«

»Nichts. Der ist nicht zu verkaufen.«

Herr Fahrenholz lachte, aber es war ein anderes Lachen als das von Herrn Li. »Alles ist käuflich, mein Junge. Das wirst du schon noch merken, wenn du älter bist. Also: Sag mir einen Preis, und wenn er vernünftig ist, werde ich ihn zahlen.«

»Ich will nicht verkaufen.«

»Na schön.« Herr Fahrenholz schob ihm den Kalender hin, als hätte er das Interesse verloren. »Dann eben nicht.« Er blickte auf seine Armbanduhr, dann wieder zu Jonas. »Was willst du denn dann von mir?«

»Dass Sie das Türchen da öffnen.« Jonas zeigte auf die Neunzehn.

»Und was hab ich davon?«

»Ein Stück Schokolade.«

Wieder lachte Herr Fahrenholz. »Na, du machst mir Spaß.« Dann gefror sein Lachen, und er sah Jonas mit einem durchdringenden, abweisenden Blick an und wies mit ausgestrecktem Arm zur Tür. »Für solche Kindereien habe ich keine Zeit. Geh und spiel mit deinen Freunden.«

»Sie müssen mir helfen, bitte«, sagte Jonas.

Und Herr Fahrenholz sagte: »Ich muss gar nichts. Und jetzt scher dich raus hier.«

»Erst, wenn Sie das Türchen geöffnet haben.«

»Raus, hab ich gesagt.«

»Ich geb Ihnen auch Geld.« Jonas kramte in seinen Taschen, holte das Schnitzmesser, die Feder und seine Münzen hervor und legte alles auf den Tresen.

»Dein Geld interessiert mich nicht. Wenn du mir den Kalender verkaufst, öffne ich die Tür. Sonst nicht.«

»Na gut«, sagte Jonas und reichte ihm die Hand, um das Geschäft zu besiegeln.

20 Jonas besteht einen Test

»Erzähl noch mal, wie du das gemacht hast mit Fahrenholz«, bat Sonja am nächsten Morgen. Sie saß im Schlafanzug auf seinem Bett, ihre Beine baumelten über dem Boden, Jonas lag noch unter der Decke und hatte den Kopf aufgestützt, beide sahen zum Kalender hin.

Er hatte es ihr gestern schon vor dem Einschlafen erzählt. Jeden Tag kam sie jetzt abends an und wollte wissen, wen er getroffen habe und was auf der Schokolade war und ob nicht ein klitzekleines Stück für sie übriggeblieben sei.

»Also«, sagte Jonas und erzählte ihr bereitwillig die ganze Geschichte von vorn bis hinten, bis zu dem Punkt, an dem er Fahrenholz die Hand gegeben hatte. Dann machte er eine Pause. Und dann sagte er: »Fahrenholz macht also das Türchen auf, zieht die Schokolade raus, wieder ein U drauf. Keine Ahnung, was das soll: Die Schokolade will er eigentlich gar nicht haben, aber er behält sie trotzdem. Vielleicht handelt er auch mit Schokolade. Der handelt ja mit allem. Weiß ich nicht. Jedenfalls fragt er mich nach dem Preis, und ich sage: ›Drei Zentilliarden siebenhundertfünfundzwanzig Zentillionen und fünfzehntausend Trigintilliarden Mark.‹ Und er wird ganz bleich und sagt: ›Das ist kein vernünftiger Preis. So haben wir nicht gewettet, mein Freund. Und außerdem, Zentilliarden, Zentillionen – das gibt's doch gar nicht.‹ Und ich hab ›Wetten, wohl?‹ gesagt und ihm wieder meine Hand hingehalten, aber er ist gar nicht darauf eingegangen, sondern hat einfach bloß ›Verschwinde‹ gesagt, ›Raus‹, ›Ich will dich hier nie wieder sehen‹.«

Zentillionen, Zentilliarden, Trigintilliarden – zum ersten Mal war Jonas Frau Krawinkel dankbar, dass sie manchmal auch Fragen behandelte, die nichts mit dem Unterrichtsstoff der vierten Klasse zu tun hatten: »Wie lautet die größte bekannte Zahl?«, »Wie lautet die größte negative ganze Zahl?«, »Wie lautet die kleinste zusammengesetzte Zahl?«, »Wie lautet die kleinste vollkommene Zahl?«

Aber dann dachte er daran, was ihn heute in der Schule im Matheunterricht erwarten würde. In der letzten Stunde vor den Ferien kam Frau Krawinkel nämlich immer mit ihren Textaufgaben. Jeder in der Schule wusste davon, und jeder fürchtete sich davor. Es kursierten Mitschriften aus den vorangegangenen Jahren, die zu hohen Preisen auf dem Schulhof gehandelt wurden. Aber die meisten waren wertlos, weil sich Frau Krawinkel jedes Jahr ein paar neue Aufgaben ausdachte. Die ersten beiden Klassen blieben davon verschont, aber ab der dritten ging's los. Vor einem Jahr, beim ersten Mal, hatte sich Jonas schwergetan. Die Texte lenkten ihn von den Zahlen ab und die Zahlen von den Texten. In Gedanken führte er die kurzen Geschichten, die sich Frau Krawinkel ausgedacht hatte, fort, und er stellte sich ganz andere Fragen als die, die Frau Krawinkel beantwortet haben wollte. Wenn da zum Beispiel auf einem der kursierenden Zettel stand: »Herr Hönerlage will sich bei *Auto Niederstrasser* einen Gebrauchtwagen kaufen, und *Auto Niederstrasser* bietet zwei Ratenzahlmöglichkeiten an«, dann interessierte Jonas weniger, welche der beiden Varianten die günstigere war, als vielmehr, für welches Modell sich Herr Hönerlage entschieden hatte, in welchem Zustand sich der Wagen befand, wem der vorher gehört hatte und in welche Länder die Vorbesitzer damit gereist waren, welche Geschichten dahintersteckten. Frau Krawinkel hatte ihn, als er einmal eine solche Aufgabe in seinem Sinne weitergesponnen hatte, zurechtgewiesen und gesagt: »Darum geht es nicht. Das ist nicht effektiv. Das wird dich nicht weiterbringen im Leben. Es gibt nur eine Lösung, und ich erwarte von dir, dass du mir die aufschreibst und nichts anderes.«

Also hatte er sich hingesetzt und geübt. Er hatte keine Angst vor dem Test heute. Und als er auf dem Kalender Zirkel, Lineal und Stift gesehen hatte, wusste er, dass er Frau Krawinkel beeindrucken musste, damit sie ihm half, das Türchen zu öffnen. Alle hatten Schulranzen und Taschen zwischen sich auf die Tische gestellt, damit sie gar nicht erst in Versuchung kamen, zum anderen hinüberzuschielen. Frau Krawinkel verteilte die Aufgabenblätter: »Bei Schlachter Herrenschräge kostet ein Kilogramm Ravenhagener Prinzensülze zehn Mark. Herr Brombacher lässt sich zweihundertfünfzig Gramm abschneiden und Frau Rottenkolber hundert Gramm. Wie viel zahlt jeder Kunde?« – »Eine kleine Kiste Konfekt in der *Konditorei Kleineidam* wiegt vierhundertneunzig Gramm. Der Inhalt ist siebenmal so schwer wie die Kiste selbst. Wie viel wiegt das Konfekt alleine?«

Nach zehn Minuten hatte er alles ausgerechnet.

»Gibst du etwa auf?«, fragte Frau Krawinkel, verwundert, dass Jonas als Erster nach vorne getreten war, um ihr die Blätter zu reichen.

»Nein. Ich bin fertig.«

Sie konnte es nicht glauben, sonst gab er immer als Letzter ab, sonst machte er immer Fehler. »Komm doch nach der Stunde noch mal zu mir. Ich muss mit dir reden.«

»Das trifft sich gut«, sagte Jonas. »Ich mit Ihnen auch.«

Nach der Stunde, als alle in der Pause waren, saßen Jonas und Frau Krawinkel allein im Klassenzimmer, er auf einem Platz in der ersten Reihe, sie halb auf dem Pult, die Beine übereinandergeschlagen. Sie hielt seine Arbeit in der Hand.

»Alle Achtung. Ich bin überrascht, Jonas Klaasen. Wie hast du das angestellt – ganz ohne fremde Hilfsmittel?«

»Sie sagen doch immer: ›Ohne Fleiß kein Preis.‹«

Frau Krawinkel nickte. »Das gilt vor allem für dich. Du weißt, ich hab dir in der Vergangenheit viel durchgelassen. Dir und deiner Schwester. Wegen eurer Situation zu Hause. Wie schwer das für dich sein muss … und für deinen Vater … dass du sogar für Tage verschwindest! Aber jetzt bist du ja wieder da. Gesund und munter, wie ich sehe. Nach außen hin jedenfalls. Ich weiß, das alles bedrückt dich … Umso mehr freut es mich, dass meine Botschaft endlich auf fruchtbaren Boden gefallen ist. Dass meine Worte erhört wurden.«

Jonas nickte zu allem, was sie sagte, hörte ihr aber nicht zu, stattdessen holte er den Kalender aus dem Ranzen, klappte ihn auf und wartete, bis sie fertig war. Dann sagte er: »Ich habe eine Bitte an Sie. Könnten Sie das Türchen hier aufmachen?«

»Unter einer Bedingung«, sagte sie, ohne sich den Kalender genauer anzuschauen.

»Und die wäre?« Jonas spürte, dass sie noch immer annahm, er habe die Lösung irgendwo abgeschrieben.

»Wenn du hier und jetzt eine weitere Aufgabe löst.«

21 Das Auge Gottes

Das, was auf dem Türchen des heutigen Tages zu sehen war, kannte Jonas nur allzu gut, und er hatte sich seit Wochen davor gefürchtet. Er konnte sich nicht erklären, warum. Denn vor Frau Krawinkel hatte er größeren Respekt und vor Maik Mirscheidt größere Angst als vor Frau Rottenkolber. Vielleicht hing es damit zusammen, dass er Frau Krawinkel und Maik Mirscheidt kannte, dass er wusste, was ihn erwartete, wenn er ihnen begegnete. Er konnte die Situation einschätzen und sich wappnen. Aber für das, was ihm in den nächsten Stunden bevorstand, gab es keinen Plan, nichts, auf das er sich verlassen konnte. Auf dem Türchen für den Einundzwanzigsten war ein großes Auge abgebildet. Und als er morgens aus dem Fenster sah, auf das noch dunkle Ravenhagen, nur erleuchtet von den Straßenlaternen und dem Schnee, pendelte die Gardine von Frau Rottenkolber im Haus gegenüber hin und her, als hätte sie ihn seit dem ersten Tag erwartet.

In der Schule konnte er sich anfangs auf nichts anderes konzentrieren. Warum beobachtete Frau Rottenkolber alle, die an ihrem Haus vorbeigingen? Oder ging es ihr nur um ihn? Hatte sie ihm den Kalender vor die Tür gelegt? Stand sie deshalb am Fenster: um sich zu vergewissern, dass er ihn fand und zu den richtigen Leuten ging?

Erst als er wieder im gleichen Raum saß wie gestern in der Mathestunde, konnte er an etwas anderes denken, an Frau Krawinkel und die Aufgabe, die sie ihm gestellt hatte: »Hör gut zu«, hatte sie am Tag zuvor gesagt und ein Blatt Papier aus ihrer Tasche geholt. »Hier kommt die Aufgabe. Teil eins: Vor dem Winter sammelt das Eichhörnchen zehntausend Eicheln, Nüsse und Zapfen und versteckt sie dann an tausend verschiedenen Plätzen. Wie viele Nüsse, Eicheln und Zapfen sind etwa in jedem Versteck? Und jetzt Teil zwei: Hundertfünfzig Samen aus fünf Kiefernzapfen wiegen ein Gramm. Das Eichhörnchen sammelt und frisst an einem Tag die Samen aus hundert Kiefernzapfen. Wie viel Gramm Samen von den Kiefernzapfen sammelt das Eichhörnchen an einem Tag?«

Jonas hatte sich währenddessen Notizen gemacht. Bei dem Wort »Eichhörnchen« zuckte er jedes Mal zusammen, weil er dabei an Eichhörnchenschwanz, an Maik Mirscheidt, an »Diesmal entwischst du mir nicht« und »Wer mir den abreißt, den mach ich kalt« denken musste.

Frau Krawinkel war ans Fenster getreten, hatte die Hände auf dem Rücken verschränkt und sich erst am Ende der Pause wieder zu ihm umgedreht: »Und?«

Und Jonas hatte gesagt: »Zehn und zwanzig.«

»Das ist kein vollständiger Satz. Aber gut. Das will ich mal gelten lassen. Also, zeig her, das Ding … Das ist also der Kalender … Mal sehen, ob ich's aufkriege.« Und sie bekam das Türchen auf und zog ein Stück Schokolade mit einem weiteren F hervor, das sie wie selbstverständlich neben sich aufs Pult legte, als hätte sie sich eine Belohnung verdient und nicht er.

In der dritten Botschaft waren zwei Fs und Us enthalten, dachte Jonas und fragte sich wieder, was Oppermann ihm hatte sagen wollen, bevor der Vater ins Zimmer geplatzt war. Damit war er eine Weile beschäftigt, bis ihm wieder einfiel, was nach der Schule auf ihn zukommen würde: der Gang über die Straße, das Gespräch mit Frau Rottenkolber. Er wusste nicht viel über sie. Niemand wusste etwas. Jedenfalls nichts Verlässliches. Selbst der Vater nicht. Dabei war sie eine seiner besten Kundinnen. Alle paar Wochen gab sie eine Truhe oder einen Schrank bei ihm in Auftrag. Und die Mitschüler, die bei ihr

Klavierunterricht hatten, sprachen nur in den höchsten Tönen von ihr, wie gebildet sie sei, wie musikalisch, wie schön, die Gebildetste, Musikalischste, Schönste. Sie redeten so übertrieben, dass er ihren Worten keinen Glauben schenkte.

Meist trug sie einfarbige Blusen und Strickjacken und Röcke. Einmal war sie in die Schneiderei von Ilsedore Menger-Ratsch gekommen, als Jonas mit dem Vater auch da gewesen war. Sie hatte etwas zum Ändern abgegeben. Dabei hatte sie die ganze Zeit auf den Boden geschaut und so leise gesprochen, dass er sie kaum verstanden hatte – obwohl er näher an ihr dran gestanden hatte als der Vater oder Oma Dore.

Nach dem Mittagessen erzählte er Sonja, was ihm bevorstand.

Und sie fragte: »Soll ich mitkommen?«

»Nee. Ich hab eine andere Aufgabe für dich.«

»Was denn für eine Aufgabe?«

»Du musst Maik Mirscheidt ablenken.«

Während der Vater seinen Mittagsschlaf hielt, holten sie aus der Werkstatt einen Holzkasten, der aus dem gleichen Holz war und dem Kalender von Weitem zum Verwechseln ähnlich sah. Sonja zog ihre Wintersachen an und ging aus dem Haus, den falschen Kasten unter die Achsel geklemmt. Vom Fenster aus beobachtete Jonas, wie Maik Mirscheidt, der rauchend in einer Nische gewartet hatte, ihr folgte, bis sie beide vom Schneegestöber verschluckt wurden.

Um die Sache nicht noch länger aufzuschieben, wie er es vielleicht drei Wochen zuvor noch getan hätte, nahm er den Kalender und überquerte die Straße. Die Gardine über ihm wackelte, heftiger, so schien es ihm, als je zuvor.

Auf dem Klingelschild standen nur zwei Namen: unten »Brombacher«, oben »Rottenkolber«. Er drückte den oberen Knopf, sofort ertönte der Summer, und die Tür zum Treppenhaus ging auf. Er stieg die Stufen in den ersten Stock hoch und stand vor einer spaltbreit offenen Tür, die von innen mit einer Kette gesichert war.

»Ja, bitte?«, sagte eine Frau, die er nicht sehen konnte, eine dünne Stimme, fast ein Flüstern.

»Ja, also«, begann Jonas, brach ab und setzte von Neuem an, den Satz zu sagen, den er sich überlegt hatte. »Ich bin Jonas Klaasen von gegenüber, und ich hab was für Sie.«

»Ich kaufe nichts.«

»Ich will auch nichts verkaufen. Ich will Ihnen nur was zeigen.«

»Was denn?«

»Einen Adventskalender.«

»Für mich?«

»Nicht direkt«, sagte Jonas und verlagerte das Gewicht von einem Bein aufs andere. »Also, der gehört mir. Ich will Ihnen den nicht schenken oder so. Es ist nur so, es gibt da ein Türchen, das für heute, und das krieg ich nicht auf.«

»Und warum kommst du damit zu mir?«

»Weil da ein Auge drauf ist.«

»Ein Auge?«

»Ja.«

»Vielleicht solltest du dann zu Winkelkraut gehen.« Winkelkraut war der Optiker.

Aber Jonas ließ sich nicht beirren. »Ja, äh, also, Sie stehen doch immer hinter der Gardine und beobachten die Leute auf der Straße, und da dachte ich –« Er brach wieder ab, aber nicht um zu überlegen, was er sagen wollte, sondern weil sie die Verriegelung gelöst und die Wohnungstür aufgezogen hatte.

Anstatt ihm entgegenzutreten, war sie in die Wohnung hineingegangen. Er folgte ihr durch einen langen Flur ins Wohnzimmer. Auf der einen Seite waren Truhen aufgereiht, auf der anderen Schränke, dazwischen dicht gedrängt ein Sofa, zwei Sessel, ein Tisch, das Klavier.

Frau Rottenkolber stand am Fenster und wandte ihm den Rücken zu. »Das stimmt. Ich stehe hier jeden Tag. Und weißt du auch, warum?«

Jonas schüttelte den Kopf. Dann fiel ihm ein, dass sie das nicht sehen konnte, und sagte: »Nein.«

Sie drehte sich zu ihm um: »Wegen deines Vaters.«

22 In den Fängen von Maik Mirscheidt

Jonas hatte die ganze Nacht hindurch nicht schlafen können. Auf dem nächsten Türchen war eine Faust abgebildet, und er hatte vom ersten Tag an geahnt, dass das nichts mit Goethe zu tun hatte – Frau Krawinkel hatte den Titel des Theaterstücks vor Kurzem in Deutsch erwähnt –, sondern mit Maik Mirscheidt. Er hatte es bloß nicht wahrhaben wollen, hatte gehofft, dass das Bild vielleicht doch eine andere Bedeutung haben könnte. Aber welche sollte das sein? Ihm fiel keine ein. Immer, wenn er daran dachte, dachte er an Maik Mirscheidt. Wie oft hatte er ihm gegenüber die Fäuste geballt? Wie oft hatte er ihm Prügel angedroht? Er konnte ihm nicht länger aus dem Weg gehen. Jetzt musste er ihm den Kalender geben, auch wenn er ihn nicht zurückkriegen würde. Die Vorstellung kam ihm wie eine Niederlage vor. Als wären all die Versuche der vergangenen Wochen, vor ihm zu fliehen, sinnlos gewesen, als hätte er sich selbst viel Ärger erspart, wenn er gleich zu ihm gegangen wäre.

»Hier hast du den Kalender«, hörte er sich selbst sagen. »Es hat ja doch keinen Zweck, länger vor dir davonzulaufen. Mach damit, was du willst.«

»Weise Entscheidung, Rotbacke. Bist doch nicht so dumm, wie ich dachte.«

Das war der eine Dialog, den er in verschiedenen Versionen immer wieder durchging, in der Hoffnung, doch noch einen Ausweg zu finden.

Der andere lautete: »Maik, ich weiß, du kannst mich nicht leiden. Und ich kann dich auch nicht leiden. Und ich weiß auch, dass du den Kalender haben willst. Aber er gehört mir, und ich brauche deine Hilfe. Du musst ein Türchen für mich öffnen, weil ich es allein nicht kann.«

»Warum sollte ich das tun?«

»Weil du auch hinter das Geheimnis des Kalenders kommen willst. Und das wird dir ohne mich nicht gelingen. Wir sind aufeinander angewiesen.«

»Du hältst dich wohl für oberschlau, Rotbacke. Du glaubst wohl, du kannst hier einfach so herkommen und Bedingungen stellen, was? Ich bin auf niemanden angewiesen, auf dich am allerwenigsten. Und was ich haben will, das nehme ich mir einfach. Und jetzt gib her, das Ding.«

Wie es danach weitergehen würde, wusste Jonas nicht. Immer wieder blieb er an diesem Punkt hängen: dass er Maik Mirscheidt den Kalender gab und danach mit leeren Händen nach Hause ging, verfolgt von einem triumphierenden Lachen.

Er hatte Sonja davon erzählt, und die hatte gesagt: »Das kannst du nicht machen. Lass mich zu ihm gehen, mir wird er den nicht wegnehmen.«

»Weil du ein Mädchen bist?«

»Weil ich schneller bin als er.«

»Ich bin auch schneller als er.«

»Aber dich wird er schlagen. Mich nicht.«

»Ja«, sagte Jonas. »Weil du ein Mädchen bist.«

»Nee, weil ich ihn zuerst schlage. Damit rechnet er nicht.«

Aber um das Problem, ihm den Kalender geben zu müssen – und sei es nur für ein paar Sekunden –, kam auch sie nicht herum. Jonas beschloss, gleich nach der Schule zu ihm zu gehen und die Sache hinter sich zu bringen. Er hatte keine Wahl.

Als er aus dem Haus ging – Sonja war schon vorgelaufen –, sah er Frau Rottenkolber im Fenster, Marianne, wie er sie seit gestern nennen sollte. Sie winkte ihm zu und reckte den Daumen in die Höhe, und er winkte zurück, und da fiel ihm wieder ein, was sie zu ihm gesagt hatte: »Ich habe ein Auge auf deinen Vater geworfen.« Und ihm fiel auch wieder ein, wie überrascht er gewesen war, als sie ihm das gesagt hatte. Und weil ihm nichts Besseres eingefallen war, hatte er gesagt: »Wohl eher zwei.«

»Was?«

»Wohl eher zwei Augen.«

Frau Rottenkolber blickte ihn irritiert an. »Ist er denn, ich meine, hat er jemals von mir gesprochen?«

»Manchmal.«

»Und was hat er gesagt?«

»Dass Sie ganz nett sind. Aber auch etwas … komisch.«

»Wegen der Truhen und Schränke?«

Erst da war Jonas aufgefallen, dass all die Truhen und Schränke in ihrer Wohnung aus der Werkstatt seines Vaters stammten. Der Vater hatte manchmal davon gesprochen, von ihrem Fimmel, ihrer Sammelleidenschaft, aber insgeheim hatte Jonas immer angenommen, sie verschenke alles an Freunde und Verwandte, sie schicke alles um die Welt, weil er sich nicht hatte vorstellen können, dass jemand die Möbel des Vaters derart wertschätze, dass sie eine ganze Wohnung einnähmen.

»Ich brauche die ja eigentlich nicht. Ich weiß gar nicht, was ich da alles reintun soll. Aber die sind so schön. Ich kann mich einfach nicht daran sattsehen.«

»Dann kommen Sie doch mal bei uns vorbei«, hatte Jonas übermütig gesagt, »bei uns stehen noch mehr. Das ganze Haus ist voll davon. Außer in Omas Zimmer.«

»Einfach so?«

»Warum nicht? Mein Vater wird sich freuen.«

»Wirklich?«

»Also«, Jonas schob seinen Kalender zu ihr hin, »ich bin wegen dem Türchen hier.«

»Ach ja, das Auge. Soll ich?« Und dann hatte Jonas genickt, und sie hatte das Türchen aufgemacht und ein Stück Schokolade hervorgezogen, wieder mit einem U drauf. »Ach, das ist aber lieb von dir. Das ist jetzt genau das Richtige.«

Er könnte jetzt auch Schokolade vertragen, dachte er, als er an ihrem Fenster vorbeiging, oder einen Kaffee von Oppermann, gegen die Müdigkeit, zur Stärkung. Und eine Stärkung hätte er wirklich gebrauchen können. Denn kaum war er in die nächste Gasse eingebogen, stand Maik Mirscheidt vor ihm: »Ach nee, wen haben wir denn da? Rotbäckchen.«

Aus einem Reflex heraus sah sich Jonas nach einer Fluchtmöglichkeit um.

»Versuch's gar nicht erst«, sagte Maik, »diesmal entkommst du mir nicht. Egal, wie groß oder klein du dich machst. Egal, ob du deine Schwester mit einer Attrappe losschickst oder nicht. Auf deine Tricks fall ich nicht mehr rein. Besser, du gibst mir gleich, was mir gehört, bevor ich's aus dir rausprügele.«

»Der Kalender gehört dir nicht. Und er wird dir auch nie gehören.«

»Das werden wir ja sehen.« Maik trat, die Fäuste erhoben, auf ihn zu.

»Hier.« Jonas reichte ihm den Kalender. Und Maik war über diese Entwicklung der Ereignisse so verwundert, dass er ihn nicht gleich annahm, sondern noch eine Sekunde lang mit seinen Fäusten durch die Luft fuhr, als kämpfte er gegen einen unsichtbaren Gegner. Dann aber griff er nach dem Kasten, sagte »Na also« und »Warum nicht gleich so?«, faltete ihn Ebene für Ebene auseinander, schüttelte ihn und rief auf das schwache Klackern hin: »Da ist ja fast nichts mehr drin.«

»Wir haben ja auch den Zweiundzwanzigsten«, sagte Jonas und legte eine Hand auf den Kalender, weil er sich Sorgen um Oppermann machte. »Du darfst den nicht so schütteln. Sonst fliegt da drin alles durcheinander.«

»Du hast mir gar nichts zu sagen. Was war in den anderen drin?«

»Schokolade.«

»Sonst nichts?«

»Sonst nichts.«

»Und was war drauf?«

»Wo drauf?«

»Auf den Schokoladenstücken, du Depp. Für wie blöd hältst du mich eigentlich? Die meisten Zeichen kenne ich sowieso schon.«

»Schwachsinn.«

Maik sagte: »I, F, T, 2, I, S, Z, T, 3, U, F«, als rezitierte er ein Gedicht.

Jonas starrte ihn mit offenem Mund an. Dann sagte er: »Woher –?«

»Von Smolinski, Hönerlage, Fahrenholz. Von allen, die ich beliefere. Was glaubst du, warum ich das mache? Wegen dem Geld? … Ja, klar, auch wegen dem scheiß Geld … Aber das Coole ist, man erfährt dabei eine Menge nützliche Dinge. Geheimnisse. Wer mit wem was am Laufen hat. Was glaubst du, warum ich so gute Noten in Sport und Mathe habe?«

»Keine Ahnung.«

»Weil ich was weiß.«

»Was denn?«

»Glaubst du, ich sag dir das oder was? Da wär ich ja schön blöd, mein Geschäft kaputt zu machen. Verschwiegenheit ist alles in dem Business. Je weniger ich quatsche, desto mehr krieg ich raus. Informationen. Hinweise.« Er tippte sich gegen die Stirn. »Ich muss bloß die Augen offen halten. Beobachten. Dann sehe ich alles. Wie eben diese Zeichen. Erst dachte ich, was soll das? Was macht Rotbäckchen da die ganze Zeit mit dem Kalender? Warum geht der zu allen Leuten hin? Was steckt dahinter? Dann hab ich's kapiert … Und du auch, blöd,

wie du bist … Eine Schnitzeljagd … Jedes Zeichen ein Teil der Lösung … Elf hab ich schon, elf fehlen mir noch … Aber die krieg ich schon noch aus dir raus. Verlass dich drauf. … Ich hab gehört, der Kalender ist magisch. Kito meint, der erfüllt einem jeden Wunsch. Man muss nur die richtige Kombination kennen.«

»Schwachsinn«, sagte Jonas wieder. »Wenn das so wäre, hätte ich dich doch längst in einen Schneemann verwandelt.«

»So«, sagte Maik. »Jetzt reicht's mir aber. Deine Zeit ist gekommen, Jonas Klaasen.«

23 Begegnung mit dem Schneemonster

Jonas war froh, ausschlafen zu können. Er konnte sich nicht erinnern, wann er zuletzt so tief und fest und lange geschlafen hatte. Und als er aufwachte, stellte er mit Verwunderung fest, dass der Kalender da stand, wo er ihn am Abend zuvor abgestellt hatte: auf seinem Nachttisch. Sonja kam ins Zimmer gestürmt und warf sich auf ihn, trommelte mit ihren kleinen Fäusten auf ihn ein und rief: »Dem haben wir es aber gezeigt! Maik Mirscheidt, dem großen Maik Mirscheidt!«

»Jetzt krieg dich mal wieder ein.« Er hielt ihre Hände fest und wartete, bis sie sich beruhigt hatte. »Wir haben dem gar nichts gezeigt.«

»Haben wir wohl.«

»Wenn dem jemand was gezeigt hat, dann die Schiefen Zähne.«

»Und wer hat die gerufen?«, fragte Sonja.

»Du.«

»Und wer hat den Kalender genommen?«

»Wir.«

»Na also.«

»Nichts na also«, sagte Jonas und drehte sich im Bett um, sodass Sonja auf die Kante rutschte. Aber er musste zugeben, dass sie zumindest in einem Punkt recht hatte: Maik Mirscheidt hatte den Kalender bekommen und wieder verloren. Er hatte Jonas zwar eingeseift und ihm Schnee unter den Pullover gesteckt, er hatte das Türchen geöffnet und das Stück Schokolade – mit einem L drauf – aufgegessen, aber dann war Sonja mit den Schiefen Zähnen aufgetaucht, und Spange hatte Maik aufgefordert, Jonas in Frieden zu lassen und ihm den Kalender zurückzugeben.

»Hey, Spängchen«, hatte Maik Mirscheidt gesagt und war wie in alter Vertrautheit auf sie zugegangen. »Ich dachte, wir sind Freunde.«

»Nenn mich noch einmal ›Spängchen‹, du Spiddel, und du fängst dir eine.«

»Was geht ab? Läuft da was mit Rotbacke und dir? Bist du jetzt mit dem zusammen, oder was? Der ist doch noch ein Kind.«

»Ich bin mit niemandem zusammen.«

Und dann hatten sie sich eine Schneeballschlacht geliefert, und in dem allgemeinen Getümmel waren Jonas und Sonja mit dem Kalender entkommen.

»Es ist noch nicht vorbei«, sagte Jonas jetzt und sah zum Kalender hinüber.

Sonja folgte seinem Blick. »Der Maskenmann.« Sie meinte den Imker mit seinem Schutzanzug.

Auf dem dreiundzwanzigsten Türchen waren Bienen abgebildet, die um einen Mann kreisten. Obwohl der Mann nicht klar zu erkennen war, wussten sie, dass es sich dabei nur um Imker Horvath handeln konnte. Nach dem Frühstück machten sie sich auf den Weg zu den Bienenstöcken hinter Herrn Siemsglüß' Haus am östlichen Ende des dritten Bezirks, am Großgottumer Tor, dort, wo die Felder begannen. Für den Fall, dass sie Maik Mirscheidt doch noch einmal begegneten, nahmen sie eine neue Attrappe mit und machten es so, dass Sonja den echten Kalender trug und Jonas den falschen, obwohl beide nicht mehr daran glaubten, dass der Trick bei ihm noch funktionieren würde, aber es gab ihnen ein Gefühl von Sicherheit, von Überlegenheit.

Der Schnee fiel jetzt so dicht, dass sie kaum die Hand vor Augen sehen konnten. Einige Autos standen notgedrungen mitten auf der Straße, das Licht war eingeschaltet, und die Scheibenwischer flappten hin und her, aber die schlechte Sicht ließ eine Weiterfahrt nicht zu. Wer irgendwohin wollte, um noch Weihnachtsgeschenke zu besorgen, musste zu Fuß weiter. Jonas und Sonja beschirmten mit jeweils einer Hand ihre Augen, mit der anderen hielten sie ihre Holzkästen und stemmten sich dem Wind und den Leuten entgegen. Nach einer halben Stunde hatten sie das Haus von Herrn Siemsglüß erreicht, aber nichts erinnerte Jonas an seinen Besuch vor zwei Wochen. Die Volieren neben dem Haus waren leer oder sahen zumindest verlassen aus, jedenfalls gaben die Vögel darin keinen Ton von sich. Und er musste an das denken, was Herr Siemsglüß damals zu ihm gesagt hatte, dass ihr Verstummen Gefahr bedeuten könne, unmittelbare Gefahr. Aber jetzt fragte er sich, für wen, für ihn oder für sie selbst? Herr Siemsglüß war nirgends zu sehen, im Haus brannte kein Licht, und so stapften Jonas und Sonja durch den offenen Garten auf die Felder zu und fanden sich bald in einer weißen Landschaft wieder, in der die Erde nicht vom Himmel zu unterscheiden war. Es gab keinen Horizont, bis auf den vagen Umriss der Stadtmauer hinter ihnen keine Orientierungspunkte, alles weiß, eine Schneewüste.

»Wo sind die Bienenstöcke?«, rief Sonja gegen den Sturm an.

»Dahinten irgendwo.« Jonas zeigte mit ausgestrecktem Arm nach vorne, aber er war sich nicht sicher, ob die Richtung stimmte. Er war sich nicht einmal sicher, ob Imker Horvath überhaupt dort in der Nähe wohnte, er hatte vor zwei Wochen kein Haus gesehen und sah auch jetzt keins, jetzt erst recht nicht, doch er wollte vor Sonja keine Schwäche zeigen, also ging er voran und rief ihr über die Schulter zu: »Wir sind gleich da!«

In dem Moment querte ein Schneemonster ihren Weg. Sie konnten es nicht sehen, denn es war so weiß wie die Umgebung, aber es war groß und kräftig und rannte einmal durch sie hindurch, sodass sie zu beiden Seiten zu Boden fielen und die Kästen neben ihnen im Schnee versanken.

»Passt doch auf, wo ihr hintretet.«

Jonas wunderte sich, dass er es verstehen konnte, dass sie die gleiche Sprache sprachen.

Als das Schneemonster aber seine Maske abnahm, sahen Jonas und Sonja, dass kein Schneemonster vor ihnen stand, sondern Imker Horvath in seinem Bienenschutzanzug.

Nachdem sie sich aufgerappelt hatten, erklärte er ihnen, dass er auf der Flucht vor einem seiner Bienenvölker sei. Es sei in Panik geraten, als er gegen den Bienenstock gestoßen sei, und er habe die Kontrolle verloren, über die Bienen und sich selbst auch, und da sei er davongelaufen.

Eine Weile starrten sie sich gegenseitig an, als fragten sie sich, wie sie hierhergeraten waren. Der Schnee ließ nach. Vereinzelt fielen noch Flocken vom Himmel. Bald waren es so wenige, dass sie sie zählen konnten. Aber sie zählten sie nicht. Stattdessen hoben Jonas und Sonja die schwarzen Kästen aus dem Weiß heraus, und Imker Horvath setzte die Maske wieder auf. Dann nahm er sie mit zu seinem Haus, das in einer Senke hinter einem Wäldchen lag, ein Gutshof am Stadttor, ein schlossartiges Anwesen mit einem großen Garten, einer Scheune, einem Kornspeicher und einem Stall. Als sie auf die schneebedeckte Wiese traten, kam die Sonne durch, und Herr Horvath zeigte ihnen seine Bienenvölker, von denen die meisten um diese Jahreszeit in ihren Bienenstöcken waren, sich in Bienentrauben zusammenrotteten, um die Königin in ihrer Mitte und sich selbst zu wärmen und auf diese Weise zu überwintern. »Man darf sie nur nicht stören«, sagte er.

»Aber Sie haben sie gestört«, sagte Sonja.

Und Imker Horvath sagte: »Ja, ich bin im Schnee ausgerutscht und hab dabei eine Beute umgestoßen, und das hat sie

in Aufruhr versetzt.« Er zeigte auf einen Kasten, der halb im Schnee lag, umschwirrt von Bienen.

»Eine Beute?«

»Ihr Zuhause, der Bienenstock … Wartet mal. Bleibt ihr mal hier stehen.« Er stapfte die Kästen entlang und richtete den Kasten, den er umgestoßen hatte, vorsichtig wieder auf, ohne sich von den Bienen aus der Ruhe bringen zu lassen. Als er zurückkam, hielt er einen schmalen Besen und ein Gerät in der Hand, das wie eine Thermoskanne mit Blasebalg aussah.

»Was ist das?«, fragte Jonas.

»Das ist ein Smoker, Rauch besänftigt die Bienen.« Imker Horvath setzte seinen Schutz ab und fuhr sich mit der Hand übers Gesicht. »Aber das hier, das sieht nicht gut aus. Ich fürchte, ich muss das Volk verloren geben.«

»Verloren geben?«, fragte Jonas. »Sie meinen, sterben lassen? Das ganze Volk?«

»Ja«, sagte Imker Horvath. »Leider.«

Sonja tippte Jonas an. »Wir müssen die retten.«

»Dafür ist es schon zu spät«, sagte Imker Horvath. »Ein Volk, das ist sehr empfindlich. Warm zu bleiben kostet unendlich viel Kraft. Und bei diesen Temperaturen, da reicht oft eine Störung und …« Er brach ab, blickte zu Boden, schüttelte den Kopf und schloss für einen Moment die Augen. Dann öffnete er sie wieder und sah die beiden Kinder an, als hätte er eben erst bemerkt, dass sie da sind: »Was habt ihr hier eigentlich zu suchen?«

»Wir wollten zu Ihnen«, sagte Jonas und erklärte ihm die ganze Geschichte mit dem Kalender.

»Oh, ach so, na klar.« Imker Horvath legte das Werkzeug auf einem der Bienenstöcke ab, zog das für ihn bestimmte Türchen auf, nahm das Stück Schokolade heraus – mit einem eingeprägten G – und verkündete, dass er Schokolade für sein Leben gern esse: »Erst Honig, dann Schokolade.«

»Und die Bienen?« Sonja stand vor der Beute, die Imker Horvath umgestoßen und wieder aufgerichtet hatte. Sie beugte sich herab und sammelte ein paar tote Tiere vom Boden auf. Tränen liefen über ihre Wangen. »Wir können doch nicht … Das dürfen wir nicht … Können wir die nicht mit reinnehmen?«

Imker Horvath ging auf sie zu, hockte sich vor sie hin und legte ihr eine Hand auf die Schulter. »Die waren zu lange in der Kälte. Die Traube ist auseinandergebrochen. Da kann man nichts machen. Das passiert. Ich habe zwanzig Völker«, er wies auf die anderen Beuten, »ein bis zwei gehen jeden Winter verloren. Das ist ganz normal. Der Tod gehört zum Leben dazu. Ich weiß, das ist kein Trost. Aber so ist es nun mal.«

Es dauerte lange, bis Sonja sich beruhigt hatte.

Jonas stand die ganze Zeit über reglos da. Immerzu musste er an diesen Satz denken: »Die Traube ist auseinandergebrochen.« Und dann an diesen: »Oma ist tot.« Und diesen: »Sie war zu lange in der Kälte.« Und diesen: »Da kann man nichts machen.« Und diesen: »Das ist ganz normal.« Und diesen: »Das ist kein Trost.« Jeder Satz war ein Schlag ins Gesicht, eine schreiende Ungerechtigkeit. »Aber so ist das nun mal.«

»Der Tod muss verboten werden«, sagte er.

Und Imker Horvath nickte und sagte: »Ja, und zwar sofort. Wir sollten einen Club gründen, den Club der Lebenden.« Und daraufhin ließ er sich im Schnee auf die Knie fallen, streckte seine Hand aus und wies die Kinder an, ihre auf seine zu legen. »Sprecht mir nach: Hiermit versprechen wir uns …«

»Hiermit versprechen wir uns …«, sagten Jonas und Sonja.

»… hoch und heilig …«

»… hoch und heilig …«

»… niemals zu sterben.«

»… niemals zu sterben.«

»Das sollten wir feiern«, sagte Imker Horvath abschließend und lud die Kinder in seinem Haus zu einer Bienenhonigprobierstunde ein. Er heizte den Ofen an, zündete ein paar Kerzen an und deckte den Tisch. Aus der Vorratskammer holte er die goldenen Gläser und reihte sie vor Jonas und Sonja auf. Auf den Deckeln klebten Aufkleber mit Jahreszahlen, die ältesten reichten sieben Jahre zurück. »Konservierte Zeit«, sagte er und erzählte ihnen, was in welchem Jahr geschehen war, an was er sich noch erinnerte. Die erste Königin. Der Hornissenangriff. Der fünfte Birnbaum. Der sechste. Der Sturm, der sie umriss. Der Sommer ohne Regen. Und der ohne Sonne. Es war nicht viel, das merkte er selbst. »Zeit vergeht«, sagte er kopfschüttelnd, als könnte er nicht fassen, wie kurz das Leben war und wie löchrig sein Gedächtnis, ein Hirn aus Waben, und verschwand in der Küche. Vom Brot schnitt er dicke Scheiben. Die Butter nahm er aus dem Kühlschrank, sie war so fest, dass er sie fünf Minuten neben den Ofen stellen musste, bevor sie sich streichen ließ. Auf dem Herd kochte er Tee, einen starken, würzigen Kräutertee, der nach Tannennadeln schmeckte und von dem sie nicht genug bekommen konnten.

Schweigend saßen sie beisammen. Hier am Stadtrand, das war Jonas schon beim Eintreten aufgefallen, tickten die Uhren anders. Hier am Stadtrand tickten die Uhren gar nicht. Die Uhr auf dem Schrank gab keinen Ton von sich. Und das Pendel der Standuhr pendelte nicht. Wo es keine Zeit gab, gab es kein Zuspätkommen. Und wo es kein Zuspätkommen gab, gab es keine Strafe. So stellte er sich Mirachronia vor, das Zauberland, das Zwischenreich, als einen Ort ohne Zeit. Später würde er dem Vater vorschlagen, an den Stadtrand zu ziehen. Draußen vor dem Fenster setzte der Schneesturm wieder ein.

Jonas wollte Herrn Horvath etwas fragen. Aber das hatte nichts mit der Zeit zu tun. Nachdem er den dritten Löffel abgeleckt hatte, nahm er seinen Mut zusammen. »Neulich beim Orientierungslauf, da habe ich Sie gesehen. Auf einer Wiese. In diesem Ding da.« Mit dem Löffel zeigte er auf den Schutzanzug, der neben der Tür an einem Haken hing. »Sie tragen den immer.«

Imker Horvath nickte. »Nur in der Kirche nicht.«

»Warum?«

»Oh, das gehört sich nicht, mein Junge. Das wäre nicht richtig.«

»Nein, ich meine, warum tragen Sie den überall sonst?«

»Aus Angst.«

»Wovor?«

»Na, vor den Bienen.«

»Auch im Winter?«

»Gerade im Winter.«

»Warum?«

»Das ist die Jahreszeit, in der man am wenigsten mit ihnen rechnet. Da muss man auf der Hut sein, auch wenn sie im Freien nicht lange überleben.«

»Sind Sie denn schon mal gestochen worden?«, fragte Sonja.

»Ständig.«

»Tut das weh?«

»Sehr.«

»Mehr als bei Mücken?«

»Viel mehr.«

»Warum tun Sie das dann?«

Imker Horvath zuckte mit den Schultern und schaute einen Moment lang aus dem Fenster, auf den Schnee hinter den Scheiben, ehe er sich wieder den Kindern zuwandte. »Ich habe sonst niemanden. Die Bienen sind meine Familie.«

»Komische Familie«, sagte Sonja.

»Auch nicht komischer als andere«, sagte Imker Horvath.

Dann probierten sie weiter, Jahrgang um Jahrgang. Sie sprangen in der Zeit zurück, in die Vergangenheit, ins erste Jahr, und wieder vor, in die Gegenwart, ins letzte. Vor und zurück. Vor und zurück.

Und während sie in Horvaths Stube beisammensaßen und einen Löffel nach dem anderen in die vor ihnen aufgereihten Gläser tauchten, überkam Jonas das merkwürdige Gefühl, dass alles, was geschah, nur um seinetwillen geschah, und trotzdem oder gerade deshalb verfinsterte sich sein Blick, als er das letzte Türchen sah: ein Hund ohne Fell, ein Mantel ohne Gesicht.

Der Tag der Tage war gekommen.

24 Besuch bei der alten Frau

Vor Aufregung und Vorfreude hatte Jonas die Nacht über kaum geschlafen. Endlich Weihnachten! Als er aus dem Fenster schaute, war der Himmel noch dunkel, aber auf den Dächern und Straßen lag eine dichte Schneeschicht, und in den Fenstern brannten Lichter, und alle Häuser waren festlich geschmückt. Er machte das Fenster auf, spürte die Kühle auf der Haut und horchte in die Stille hinein, ganz Ravenhagen war wie in Watte gepackt.

Im Schlafanzug ging er nach unten. Der Vater hatte Tannenzweige auf den Küchentisch gelegt, die Adventskerzen brannten, und auf der Anrichte drehte sich eine Weihnachtspyramide. Bei jedem Teller, den er hinstellte, seufzte er, als litte er unter dem Gewicht des Porzellans, und bei jedem Messer, das er danebenlegte, atmete er tief ein, als müsste er Kraft schöpfen, um den Tag durchzustehen.

Auch Sonja sah müde aus, mit verquollenen Augen saß sie am Küchentisch. »Was schenkst du mir denn?«, fragte sie Jonas.

Und Jonas sagte: »Weiß ich noch nicht.«

»Willst du wissen, was ich dir schenke?«

»Was denn?«

»Sag ich dir nicht.«

»Du kannst ja eh kein Geheimnis für dich behalten.«

»Kann ich wohl.« Aber als sie weitersprachen, sagte sie immer: »Ach Mist, jetzt hätte ich's fast verraten.«

Nach dem Frühstück klingelten die Ohlenforsts an der Tür und brachten den Klaasens eine Tanne, die sie gerade erst im

Wald geschlagen hatten. Gemeinsam trugen sie den Baum ins Wohnzimmer. Die Kinder kamen aus der Küche gelaufen und verfolgten das Schauspiel, vom Aufbau bis zum Schmücken, zum ersten Mal durften sie von Anfang an dabei sein, zum ersten Mal durften sie mithelfen. Der Vater hatte den vernickelten Spieluhrständer und die Schatulle mit den Engeln und Kugeln und Kerzen schon bereitgestellt. Walter hielt die Spitze in die Höhe, Ole arretierte den Fuß. Sonja übernahm die Engel, Jonas die Kugeln, der Vater die Kerzen. Als sie fertig waren – die Melodie von *O du fröhliche* erklang bereits unter der Nickelhaube, die Kerzen waren angezündet, der Baum drehte sich im Uhrzeigersinn –, bückte sich Walter Ohlenforst noch einmal, um die herabgefallenen Nadeln zu einem Haufen zusammenzuwischen.

»Ach, Walter, lass das doch«, sagte der Vater, die Hände in die Hüften gestemmt, das gemeinsame Werk im Abstand von drei Schritten betrachtend. »Ich sauge hier vor der Bescherung sowieso noch mal durch.«

»Papa, wir müssen weiter«, sagte Ole. »Wir haben den ganzen Wagen noch voller Bäume.«

»Das geht doch ganz schnell«, sagte Walter, immer noch am Boden kauernd, immer noch mit den Händen übers Parkett wischend. »Ich weiß, wie schwer das für euch sein muss. Jeder weiß das. Gerade an einem Tag wie diesem.«

»Nein«, sagte der Vater. »Niemand weiß das. Aber das macht auch nichts. Das muss auch niemand wissen.« Er nickte zu Jonas und Sonja hin, und die erwiderten sein Nicken, zum Zeichen, dass sie sich in dieser Sache einig waren, aber Walter achtete nicht darauf. »Schon recht«, sagte er. »Jeder geht anders damit um.« Er schob die Nadeln in die eine Hand, leckte mit der Zunge über den Zeigefinger der anderen und stippte die letzten vom Boden auf, als handelte es sich um eine Delikatesse, bei der jeder Knibbel kostbar wäre.

Niemand sagte ein Wort.

»Und?«, fragte Ole in das Schweigen hinein. »Was macht der Kalender?«

»Den gibt's noch«, sagte Jonas, froh über den Themenwechsel.

»Und was war heute drin?«

»Weiß ich noch nicht.«

»Dann mach ihn auf.«

»Später vielleicht.«

»Na, du hast Geduld«, sagte Ole und hob zum Abschied die Hand. »Also ich könnte das nicht, so lange warten. Komm, Papa, wir müssen jetzt wirklich weiter.«

»Schon recht«, sagte Walter und folgte seinem Sohn, sorgsam darauf bedacht, keine der Nadeln, die er eingesammelt hatte, auf dem Weg nach draußen zu verlieren.

In Wahrheit konnte Jonas es auch nicht erwarten, das letzte Türchen offen zu sehen, aber nach dem Aufwachen hatte er einen winzigen Zettel neben seinem Bett gefunden, mit einer noch winzigeren Nachricht darauf: »Dem Hund sagen.« Die Schrift war krakelig – wie von jemandem, der nicht oft etwas aufschrieb. Und weil in der Luft wieder Kaffeeduft hing, nahm Jonas an, dass die Nachricht wie die Umzugsmeldung neulich von Oppermann stamme, dass es das sei, was er ihm hatte sagen wollen: »Die dritte Botschaft müssen Sie dem Hund sagen.« Dem Hund, der neben dem Mantel auf dem letzten Türchen abgebildet war. Aber dem Vieh würde er nichts sagen. Er fuhr sich mit einer Hand über die Narbe auf der Wange. Mit Tieren redete er nicht. Mit Nackthunden schon gar nicht.

Jonas hatte fast alle Buchstaben für die dritte Botschaft beisammen: F, U, U, F, U, L, G plus X. Aber er wusste nicht, in welcher Reihenfolge er sie anzuordnen hatte. Acht Stellen. Acht Fakultät. Er nahm einen Taschenrechner. Das waren mehr als vierzigtausend Möglichkeiten. Vierzigtausenddreihundertzwanzig. Aber es gab drei Us und zwei Fs. Die Fakultät von drei war sechs und die von zwei zwei. Sechs mal zwei ergab zwölf. Das hieß, bei jeder Kombination gab es zwölf Übereinstimmungen. Vierzigtausenddreihundertzwanzig durch zwölf, das war, er musste wieder den Taschenrechner zu Hilfe nehmen, um das auszurechnen, dreitausenddreihundertsechzig. Dreitausenddreihundertsechzig Möglichkeiten. Beim Anblick der Zahl wurde ihm leicht ums Herz, auch wenn die Lösung des dritten Rätsels schwieriger sein würde als die des zweiten. Er ging einige Kombinationen in Gedanken durch, UGUFLFUX, UFULFUGX, FUGULFUX, hatte aber Angst, alles bis zum Letzten zu durchdenken, weil er fürchtete, sich darin zu verlieren, so wie er sich schon einmal darin verloren hatte. Außerdem fehlte ihm noch ein Buchstabe, das X, der vierundzwanzigste. Und ein Buchstabe änderte alles.

Gegen Mittag verließ er das Haus, um die alte Frau und ihren Nackthund zu suchen. Sonja hatte zwar mitkommen wollen, aber dem Vater gleichzeitig versprochen, einen Kuchen zu backen. »Und beides«, sagte sie traurig, »geht ja nicht.«

»Ich schaff das schon allein«, sagte Jonas, zog den Reißverschluss seines Anoraks hoch und ging. Aber er war sich gar nicht so sicher, ob er das allein schaffen würde. Dieser Gang war der schwerste. Wer war die Eisnerin? Von ihr wusste er noch weniger als von Frau Rottenkolber. In seinen dunkelsten Momenten stellte er sie sich als Hexe vor, als eine Frau, die Menschen mit einem Fingerzeig einfrieren konnte. Warum sonst wurde sie von einigen »die Eisige« genannt? Und der Hund war ein Junge gewesen, ein Junge wie er, ungehorsam, aufmüpfig, widerspenstig, den sie zur Strafe in ein Tier verwandelt hatte. Diese Ideen waren der Fantasiewelt entsprungen. Und sie zerstoben vor ihm wie Traumgebilde. Die Frau war eine Frau, sagte er sich, und der Hund ein Hund. Er sagte sich das wieder und wieder, bis er glaubte, daran zu glauben.

Der Schnee fiel immer noch, aber nicht mehr so vom Wind aufgepeitscht wie gestern, sondern gerade und gleichmäßig. Auf den Straßen waren wieder viele Menschen unterwegs. Um ein Uhr mittags machten die Geschäfte zu, und alle hatten noch das zu erledigen, wozu sie in den Wochen zuvor nicht gekommen waren: Geschenke einkaufen. Auf dem Marktplatz waren die Stände des Weihnachtsmarktes aufgebaut. An einer Glühweinbude schenkte Hönerlage Glühwein aus, Ravenhagener Lerchenglühwein, Schlachter Herrenschräge verkaufte die letzten Räucherschinken zum Sonderpreis, Smolinski präsentierte neue Kartentricks, die Nadschuras traten auf einer Bühne in der Mitte des Platzes auf und die Schiefen Zähne auf einer anderen ganz am Rand. Sie spielten gerade ihr letztes Lied, *Falscher die Worte nie klingen,* und Spange bot Jonas hinterher an, ihm bei der Suche zu helfen oder ihn – falls nötig – vor Maik Mirscheidt zu beschützen.

Dankbar willigte er ein und erzählte ihr alles.

Lange stapften sie durch die engen Gassen. Die, die ihnen entgegenkamen, fragten sie, ob sie zufällig einen Nackthund gesehen hätten, die meisten gingen einfach weiter, und die, die stehen blieben, wollten wissen, was denn ein Nackthund sei.

»Na, ein Hund ohne Fell.«

»Gibt's doch nicht.«

»Gibt's wohl.«

Und irgendwann, sie wollten schon aufgeben und zurückgehen, rief Spange: »Da ist er.« Aber kaum hatte sie es gesagt und auf ihn gezeigt, war der Hund hinter einem Haus verschwunden, und als sie an die Stelle kamen, sahen sie ihn schon um die nächste Ecke huschen. Sie rannten hinter ihm her, aber egal, wie schnell sie waren, der Hund war schneller. Immer waren sie am anderen Ende einer Gasse, sodass sie gerade noch sehen konnten, wohin er ging. Sie folgten ihm durch halb Ravenhagen, bis sie in eine Gegend kamen, in der Jonas noch nie gewesen war, in den vierten Bezirk, ein Viertel, in dem vor langer Zeit Fabriken und Manufakturen angesiedelt gewesen waren, das alte Industriegebiet. Sägewerke, Mühlen, Schlachthöfe, Molkereien und Destillerien, Korn- und Salzspeicher, ein Uhrenwerk, eine Wäscherei, ein Kühlhaus. Die meisten Gebäude standen leer, und die, die noch genutzt wurden, unterschieden sich nur dadurch von den anderen, dass ihre Fenster beleuchtet waren, selbst um diese Tageszeit. Von allen Mauern bröckelte der Putz ab, das Holz der Türen und Fenster war verwittert, und die Gassen hatten etwas Modriges, als stiegen sie in eine Krypta hinab, es war wie der Gang in ein Grab.

Jonas fasste Spange an der Hand.

»Du musst keine Angst haben«, sagte sie. »Ich hab hier mal mit der Band geprobt. Einmal sind wir sogar nachts in eins der Häuser eingestiegen, in eine der Ruinen, mit Schlafsäcken und Luftmatratzen und so, aber wir haben kein Auge zugetan. Überall Fledermäuse. Echt gruselig.«

»Danke«, sagte Jonas. »Das hilft mir jetzt sehr.«

Und Spange sagte: »So war das nicht gemeint.«

An einem Platz aber gab es Häuser, die vollkommen intakt waren, und in einem davon verschwand der Nackthund. Es war ein großes Haus mit Krüppelwalmdach, Giebel zu beiden Seiten und Gauben vorne und hinten, und über der Tür hing ein Schild mit der Aufschrift »*Chocolaterie Eisner*«, und als Jonas darauf zuging, war ihm mulmig zumute, und er war froh, dass Spange bei ihm war. In ihrer Gegenwart fühlte er sich sicher, trotz ihrer Geschichte von den Fledermäusen. Ohne sie wäre er nie so weit gekommen, und ohne sie, fürchtete er, würde er auch nicht weiterkommen. Er fasste ihre Hand noch fester. In dem Moment aber zog sie ihren Arm hoch, sah auf die Uhr und schüttelte ihn ab wie ein lästiges Tier, als würde ihr mit einem Mal bewusst, dass das, was Maik Mirscheidt zu ihr gesagt hatte, stimmte: dass sie mit einem Kind abhing. »Ach Mist«, sagte sie. »Du. Ich muss los, ich muss ja noch ein Geschenk für meine Eltern besorgen. Den Rest schaffst du auch alleine.« Sie umarmte ihn und gab ihm einen Kuss auf die Wange, und er wurde rot und wandte sich ab. Hätte Maik Mirscheidt ihn so gesehen, hätte er mit dem Finger auf ihn gezeigt und wieder »Rotbacke« zu ihm gesagt. Diesmal zu Recht. Aber Maik Mirscheidt sah ihn nicht. Niemand sah ihn. Nicht einmal Frau Rottenkolber. Marianne. »Pass auf dich auf, Rotbacke«, rief Spange, schon ein paar Meter von ihm entfernt. »Frohe Weihnachten.«

Jonas wollte Spange nicht gehen lassen. Am liebsten wäre er ihr hinterhergelaufen, aber er fürchtete, das Geheimnis des Kalenders dann nicht lösen zu können. Also ging er auf die Tür zu, über der »*Chocolaterie Eisner*« stand. Im Fenster saß der Nackthund auf einer Decke und blickte ihn mit seinen dunklen Augen an. Ein Schauer lief ihm den Rücken hinunter. Am Haus gab es keine Nummer, auf dem Klingelschild stand kein Name, und die Klingel gab, als er draufdrückte, keinen Laut von sich. Also klopfte er gegen das Holz. Einmal, zweimal, dreimal. Beim dritten Mal ging die Tür mit einem Ruck auf, und die alte Frau kam heraus. »Ja, bitte?«

Anders als sonst trug sie keinen Mantel. Und jetzt, da er ihr Gesicht sehen konnte, fand er, dass es keinen Grund gab, sich vor ihr zu fürchten. Sie wirkte auch weniger alt, als er angenommen hatte: Ihre Haare waren zwar weiß, aber ihre Haut war bis auf ein paar wenige Falten um Augen, Mund und Nase glatt und zart. Auf dem Kopf trug sie eine weiße Haube, und um Hals und Hüften war eine weiße Schürze geschlungen.

»Ich bin Jonas Klaasen.«

»Ich weiß, wer du bist. Ich habe dich schon lange erwartet«, sagte die Eisnerin. »Den ganzen Vormittag habe ich hier auf dich gewartet, und als du nicht gekommen bist, habe ich Fufu losgeschickt, dich zu holen. Und dann hab ich euch kommen sehen.« Sie beugte sich vor, schaute nach links und rechts und dann wieder Jonas an. »Wo ist denn deine Freundin hin?«

»Das ist nicht meine Freundin«, sagte Jonas und wünschte sich im gleichen Atemzug, es nicht gesagt zu haben, weil er bei dem Wort »Freundin« gleich wieder rot wurde.

»Ich kenne dich genau«, sagte die Eisnerin und zeigte mit dem Finger auf ihn. »Ich kenne dich besser als du dich selbst.«

»Woher?«, fragte Jonas, froh, nicht verwandelt zu sein.

»Von deinem Vater, mein Junge. Er hat mir alles über dich erzählt.«

»Was?«

»Alles. Über dich und deine Schwester. Willst du nicht hereinkommen? Es ist ziemlich kalt hier draußen.« Und als sie das sagte, konnte er ihren Atem sehen, Rauch stieg aus ihrem Mund auf, als ob sie von innen heraus brennen würde.

»Ich bleibe lieber hier.«

»Drinnen ist es schön warm«, sagte sie mit veränderter Stimme, hoch und knarzig. »Komm herein mit mir, du sollst es gut haben.« Dann lachte sie, wie er noch nie jemanden lachen gehört hatte, laut und tief, aus vollem Hals. »Ich habe auch Brot da. Komm gleich einmal hierher zu dem Backofen.« Sie wies hinter sich, aber so, dass Jonas den Backofen nicht sehen konnte. »Guck hinein, ob das Brot schon hübsch braun und gar ist. Meine Augen sind schwach. Ich kann nicht so weit sehen. Und wenn du auch nicht kannst, so setz dich auf das Brett, so will ich dich hineinschieben. Da kannst du darin herumgehen und nachsehen.« Wieder lachte sie. »Du glaubst doch nicht etwa an diese Dinge?« Jetzt sprach sie wieder normal.

»An was für Dinge?«, fragte Jonas betont lässig, er wollte sich seine Furcht nicht anmerken lassen.

»An Märchen.«

»Das sind bloß Geschichten.«

»Geschichten können sehr mächtig sein«, sagte die Eisnerin. »Geschichten haben Weltreiche begründet und zum Einsturz gebracht. Geschichten entfachen und beenden Kriege. Geschichten führen die Menschen zusammen und trennen sie. Geschichten sind das Salz der Erde. Sie sind unser Trost und unsere Hoffnung. Sie sind das Erste und das Letzte. Sie sind das, was bleibt, wenn nichts mehr ist. Sie werden selbst uns überdauern. Willst du wirklich nicht hereinkommen? Ich hab auch heiße Schokolade da.«

Jonas schüttelte den Kopf.

»Na schön«, die Eisnerin nahm ihren Mantel vom Haken und trat, die Tür in der Hand, zu ihm hinaus. »Dann werde ich dir eben hier die Geschichte erzählen.«

»Welche Geschichte?«

»Die von deinem Vater. Ein außergewöhnlicher Mann. Ich kenne ihn noch vom Varieté. Ich habe damals schon Schokolade verkauft, zwischen den Nummern, und er … Er hat danach alles aufgegeben, weil er meinte, dass das mit Familie nicht zu vereinbaren sei, das Leben auf der Bühne. Vor allem, nachdem … wenn man allein ist. Und damit hatte er dann ja auch recht. Und seitdem ich hier bin, in Ravenhagen, verstehe ich, warum er sich damals so entschieden hat und nicht anders … Seine Mutter, deine Oma … Die Tischlerei … Das war eine Möglichkeit. Die einzige Möglichkeit für ihn, weiterzumachen. Die meisten glauben nicht mehr an ihn, an seine Fähigkeiten. Er glaubt selbst nicht mehr daran, aber er ist immer noch ein Zauberer, auch wenn er jetzt keine Dinge mehr verschwinden lässt, sondern hervorbringt. Keiner macht so wunderbare Truhen und Kästen und Schatullen wie er.« Sie öffnete die Tür und wies hinter sich, in den Raum hinein, auf die kleinen Holzkisten überall, in denen hochkant aufgestellt Schokoladentafeln steckten. »Er hat mir alles über dich erzählt. Über dein Leben. Deine Probleme.«

»Ja, äh«, sagte Jonas. »Ich bin hier wegen dem Kalender.«

»Auch das weiß ich. Der ist auch von ihm.«

»Von Papa?«

Die Eisnerin nickte. »Die Nummer mit dem Kasten war sein Meisterstück. Bei jeder Weihnachtsrevue waren die Leute außer sich.«

»Aber … ich dachte … er wollte den doch kaputt machen.«

»Er wollte dich schützen.«

»Wovor?«

»Vor dir selbst. Er hatte Angst um dich. Deshalb wollte er das Experiment abbrechen.«

»Das Experiment?«

»Die Schnitzeljagd. Die Schatzsuche. Nenn es, wie du willst.«

»Gibt es denn«, Jonas stockte, »einen Schatz?«

»Ja«, sagte die Eisnerin. »Den gibt es.«

»Wo?«

»Gleich hier.«

Jonas blickte sich um, konnte aber nichts erkennen, was einem Schatz glich, nichts Goldenes, nichts Funkelndes, nur Putz, der von den Wänden fiel. »Wo denn?«

»In dir drin.«

Jonas sah an sich herab, als ob da ein Licht aus seinem Bauch käme, aber da war nichts, nur sein Bauch.

»Fufu, komm mal her.« Aus der offenen Haustür drang ein starker Duft nach Schokolade, und der Nackthund kam heraus und begann, an Jonas' Beinen zu schnüffeln. Erst stupste er ihn mit seiner Nase an, dann setzte er sich vor ihn hin, legte den Kopf schief und hob seine Pfote. »Lass dich von Fufu nicht verführen«, sagte die Eisnerin. »Wenn du ihn einmal streichelst, wirst du ihn nie wieder los.«

Jonas hatte kein Bedürfnis, den Hund zu streicheln. Stattdessen holte er den Kalender hervor und klappte ihn auf. »Ein Türchen fehlt noch.« Er hielt ihr den Kasten hin.

»Ich weiß«, sagte die Eisnerin wieder und schob ihn sanft zu ihm zurück. »Das letzte musst du selbst öffnen.«

Jonas stellte den Kalender auf dem Boden ab und zog an den winzigen Griffen. Die beiden Türchen mit den Nummern zwei und vier ließen sich problemlos öffnen – und gaben das vierundzwanzigste Stück Schokolade preis, das größte von allen. Darauf war weder ein Buchstabe noch eine Zahl abgebildet, sondern ein Herz.

»Was hat das zu bedeuten?«, fragte Jonas.

»Ich glaub, das weißt du selbst am besten«, sagte die Eisnerin. »Überleg mal, was du in den vergangenen Wochen mit dem Kalender alles erlebt hast.«

»Ist das für … den Hund?«

»Hunde dürfen keine Schokolade. Die ist giftig für die. Deshalb kann ich Fufu hier drin auch keinen Augenblick allein lassen. Der würde sich totfressen.«

»Für Sie?«

Sie wies zu einem großen, golden glänzenden Bottich hinter sich: »Ich habe alle Schokolade der Welt.« Und daraufhin nahm sie den Kalender, ging damit ins Haus hinein und schloss die Tür hinter sich.

Erst dachte Jonas, das war's. Doch dann, keine Minute später, kam sie mit dem Kalender wieder heraus und überreichte ihn Jonas, feierlich wie ein Weihnachtsgeschenk. Äußerlich war er unverändert, aber er fühlte sich schwerer an, voller.

Nachdem er sich verabschiedet und auf den Rückweg gemacht hatte, überlegte er, was die Eisnerin gemeint haben könnte und ob er das Stück Schokolade, das in seiner Jackentasche steckte, essen sollte. Hinter sich hörte er das Hecheln des Hundes. Der Moder, der ihn auf dem Hinweg begleitet hatte, stieg ihm wieder in die Nase, und er ging schneller und schneller und verlangsamte seine Schritte erst wieder, als er in belebtere, ihm vertrautere Viertel kam. Kaum hatte er den ersten Bezirk erreicht, schlug die Kirchturmuhr zur vollen Stunde. Ein Uhr – die Geschäftsleute ließen ihre Rollos herab und drehten die Schilder in ihren Türen herum, und er beschloss, da es für alles andere zu spät war, Sonja die Schokolade zu schenken.

Über ihm blitzte die Weihnachtsbeleuchtung auf, Sterne und Engel, die quer über die Straßen gespannt worden waren. Immer mehr Menschen kamen ihm entgegen, beladen mit Einkaufstüten, lachend, scherzend – erleichtert, den Trubel hinter sich zu haben. Alle paar Meter blickte er sich nach dem Hund um, konnte ihn aber nirgends entdecken.

Vor der Tischlerei begegnete er Sonja, den Wintermantel übergeworfen, die Arme noch nicht in den Ärmeln. »Ich wollte gerade los«, sagte sie. »Der Kuchen ist fertig. Und jetzt wollte ich dir helfen.«

»Musst du nicht mehr. Ich hab's auch allein geschafft. Hier.« Jonas stellte den Kalender ab und reichte ihr das letzte Stück Schokolade.

Sonja sah ihn erstaunt an, zögerte einen Moment, als erinnerte sie sich an etwas, nahm es dann aber an, brach es in zwei Hälften und gab ihm eine davon ab. »Das ist für dich.«

Jonas steckte es sich in den Mund und wartete, bis es sich aufgelöst hatte. Er wollte jedes bisschen davon auskosten.

Dann spürte er etwas an seinen Beinen, und als er an sich herabblickte, sah er Fufu, den Nackthund. Er zitterte am ganzen Leib. »Wie lautet das Zauberwort?« Gegenüber standen Leute vor *Uhren Brombacher* und warfen einen letzten Blick ins Schaufenster. Sonst war niemand zu sehen. Nicht in ihrer Nähe. Nicht einmal Frau Rottenkolber. Nur der Hund. »Das Zauberwort!« Die Stimme kam aus seinem Maul.

Da fiel Jonas der Zettel wieder ein. »Dem Hund sagen.«

Sonja beugte sich herab und sagte: »Der Hund kann ja sprechen.«

»Hunde können nicht sprechen«, sagte Jonas.

»Ich schon«, sagte der Hund.

»Siehst du«, sagte Sonja. »Er kann wohl sprechen.« Sie strich dem Hund über den Kopf und strahlte übers ganze Gesicht. Dann presste sie die Lippen aufeinander, Freudentränen traten ihr in die Augen, und sie begann zu lachen, ihr ganzer Körper geriet von innen heraus in Bewegung, wie bei jemandem, der einem großen Wunder beiwohnt.

»Hunde können nicht sprechen«, beharrte Jonas. Schließlich hatte er sich vorgenommen, Frau Krawinkels Rat zu befolgen, sich nicht in Fantasiewelten zu flüchten, sondern sich an die Fakten zu halten und seinen fünf Sinnen zu vertrauen. Fakt war: Hunde konnten nicht sprechen. Und doch hörte er ihn reden.

»Sag es«, sagte der Hund. »Mir ist kalt.«

»Was soll ich sagen?«, fragte Jonas.

»Das Zauberwort.«

Jonas kam es albern vor, sich ernsthaft mit einem Hund zu unterhalten. Er blickte sich um, ob nicht Maik Mirscheidt irgendwo stand und seine Scherze mit ihnen trieb. Bestimmt versteckte er sich hinter einem Mauervorsprung. Er wusste nicht, wie er es anstellte, den Hund zum Sprechen zu bringen, aber so musste es sein. Hunde sprachen nicht. Er ging ums Haus herum, kam zurück. Kein Maik Mirscheidt. Die Leute vor *Uhren Brombacher* waren verschwunden. Am Ende der Gasse waren Kinder. Sonst war niemand zu sehen.

»Also?«, sagte der Hund. »Sag es, oder ich gehe.«

»Jetzt sag's doch endlich«, sagte Sonja. »Sonst ist er weg.«

»Ich gehe so oder so«, sagte der Hund. »Mit Antwort oder ohne.«

Oppermann, dachte Jonas und hob den Kalender ans Ohr. Die Stimme hatte die gleiche Tonlage, hell und blechern. »Herr Oppermann, Sie können rauskommen. Ich habe Sie erkannt.«

Nichts rührte sich. Er klopfte gegens Holz. Keine Reaktion. Er faltete den Kalender Ebene für Ebene auseinander, öffnete alle Türen – jetzt konnte er alle Türen öffnen. Alles voller Schokolade, aber kein Oppermann.

Jonas gab auf. Sollte Maik Mirscheidt doch seinen Spaß haben. Sollte sich die Welt doch über ihn kaputtlachen. Andererseits: Vielleicht gab es den sprechenden Hund wirklich. So wie es Oppermann wirklich gab. Jonas hatte mit einem Winzling gesprochen. Jonas war selbst zu einem Winzling geworden. Und jetzt der Hund. Oder bildete er sich das alles bloß ein? Waren das die Nachwirkungen des Lerchenwassers? Die Folgen des vorgeschobenen und des tatsächlichen Fiebers vor und nach dem Sturz in den Fluss? Spielte sein Verstand verrückt? Aber Sonja hatte die Worte des Hundes auch gehört. Sie war seine Zeugin. Sie war der Beweis, dass er seine Sinne noch beisammen hatte – und dafür, dass seine Mutmaßung stimmte. Dass sie alle in einer Fantasiewelt lebten. Die Ravenhagener. Frau Krawinkel. Maik Mirscheidt. Die Eisnerin. Alle. Der Vater. Sonja. Er. Der Hund.

Der Hund wiederholte die Frage nach dem Zauberwort, nur schwächer, wie ein Echo seiner ersten Frage, als schwänden ihm die Kräfte in der Kälte.

Jonas musste an das denken, was Oppermann zu ihm gesagt hatte: »Hören Sie auf den Klang. Vertrauen Sie Ihrem Gefühl. Glauben Sie an die Kraft des Wortes.« Sieben Buchstaben. Nur sieben Buchstaben. Und er sagte das Wort, das ihm als Erstes einfiel: »FUFUGLU.«

Der Hund schüttelte sich.

»FUFULUG.«

Wieder schüttelte sich der Hund. »Einmal hast du noch.«

Der Hund sprach. Daran bestand kein Zweifel.

Sieben Buchstaben. Sieben Stellen. Drei Us. Zwei Fs. Zwölf Übereinstimmungen. Jonas geriet ins Schwitzen, überlegte drei volle Minuten lang, er wollte jetzt so kurz vor dem Ziel keinen Fehler machen, und sagte das Wort, das am meisten Sinn ergab, weil es wie Unfug klang: »ULFUFUG.«

Und in dem Moment schlossen sich alle Türchen mit einem Schlag.

»Was hat das jetzt zu bedeuten?«, fragte Sonja, die sich wieder gefangen hatte.

»Keine Ahnung«, sagte Jonas.

Beide sahen den Hund an, in der Hoffnung, von ihm eine Antwort zu erhalten. Aber der trottete schon die Gasse entlang. Und als er sich noch einmal zu ihnen umdrehte und das Maul aufmachte und sein Bellen von den Wänden hallte, sprangen wie auf sein Kommando alle Türchen wieder auf und gaben die vierundzwanzig Schokoladenstücke preis. Sonja stieß einen Schrei aus, und die Kinder, die auf dem Weg zur Kirche waren, kamen auf den Schrei hin heran, und Sonja und Jonas teilten die Stücke unter ihnen auf.

»Was ist hier los?«, fragte der Vater und klopfte sich den Holzstaub vom Overall, er kam geradewegs aus der Werkstatt. Jonas und Sonja erzählten ihm alles, von der Eisnerin und dem Hund, und als Sonja zwischendrin sagte, »Ich möchte nächstes Jahr auch so einen Kalender«, begriff Jonas, dass sie in alles eingeweiht gewesen war.

»Du hast es gewusst«, sagte er.

»Am Anfang nicht«, sagte sie und blickte zu Boden. »Erst viel später. Und die ganze Zeit hatte ich Angst, was zu sagen, Papa zu verraten.«

Später, als Sonja in ihrem Zimmer war, um »etwas vorzubereiten«, wie sie es genannt hatte, saß Jonas mit dem Vater im Wohnzimmer. Der Kalender stand vor ihnen auf dem Tisch. »Wie kommt es eigentlich«, fragte Jonas, »dass die Türchen von manchen Leuten geöffnet werden können und von manchen nicht?«

»Es gibt Dinge, die sind nicht restlos erklärbar. Das ist nicht wie in Mathe. Es gibt eine Lösung, aber keinen Lösungsweg, der für alle gleichermaßen funktioniert. Manche Dinge muss jeder für sich selbst herausfinden.«

»Nein«, sagte Jonas. »Ich meine technisch, die Mechanik dahinter. Woher weiß der Kalender, wen er vor sich hat?«

»Keine Ahnung.«

»Aber du hast den doch gemacht.«

»Das heißt nicht, dass ich alles weiß. Ich kann es dir nicht sagen.«

»Kannst du nicht, oder willst du nicht?«

»Beides. Wenn ich versuchen würde, es dir zu erklären, wäre die Magie weg.«

»Und wer ist Oppermann?«

»Das müsstest du doch am besten wissen. Du hast doch im Schlaf von ihm geredet.«

»Aber du hast ihn doch gemacht.«

»Ich habe nur den Kalender gemacht.«

»Nicht das, was drin ist?«

»Wenn ich einen Kasten wie diesen anfange, weiß ich nie, was draus wird. Ich habe keine Kontrolle darüber. Das Ding …«, sagte er, brach ab, starrte auf den Kalender, klappte ihn auf und fuhr fort: »Jetzt wird mir einiges klar. Ich hatte mich schon gewundert, dass du nicht bei Niederstrassers warst, im Modegeschäft, am sechsten, mit der Pudelmütze auf dem Türchen. Und bei ›Eisenmeyer‹ bist du am elften auch nicht gewesen«, er zeigte auf den Schlüsselbund, »und im *Café Besenthal* hast du dich auch nicht blicken lassen. Dabei war das mit dem Kaffeebecher ja eindeutig. Da bist du doch mit Oma immer hingegangen … Wie hast du die Türchen denn aufgekriegt?«

»Das war ich nicht. Das war …« Jonas zögerte einen Moment, weil er sich plötzlich nicht mehr sicher war, ob Oppermann tatsächlich existierte. Aber dann sagte er es doch:

»Oppermann«, weil er hoffte, dass der, wenn er dessen Namen nannte, herauskommen würde. Aber Oppermann kam nicht heraus.

»Wer ist denn jetzt dieser Oppermann?«

»Der wohnt da.« Jonas nickte zum Kalender hin.

»Na, dann hol ihn raus.«

»Das geht nicht«, sagte Jonas. »Der kommt nicht, wenn andere in der Nähe sind. Der zeigt sich nur mir.«

»Ach so, verstehe.« Der Vater schüttelte den Kopf. »Wie gesagt, ich habe keine Kontrolle darüber, was draus wird. Ich kann nur die bestmögliche Arbeit abliefern. Und wenn die getan ist, kann alles Mögliche passieren.«

»Was denn?«

»Tolle Dinge. Gute Dinge. Wie bei dir dieser Oppermann. Aber auch, na ja, du weißt nie, wohin dich das führt. Es kann auch sein, dass sich die Tore der Hölle öffnen.«

»Die Tore der Hölle?«

»Die Tore der Hölle.« Der Vater legte seine Hand auf Jonas' Hand. »Aber das ist ja zum Glück nicht passiert.«

»Nein«, sagte Jonas. »Zum Glück nicht … Hast du ihn deshalb kaputt machen wollen?«

»Ja«, sagte der Vater. »Ich hatte Angst um dich … Ich wollte doch bloß, dass du mal wieder aus deiner Bude da oben rauskommst, mit Leuten redest, mit Freunden spielst, nicht die ganze Zeit in deinem Zimmer hockst … Aber dass du … Du hast dich da gleich total reingesteigert … Und als du dann in den Fluss gesprungen bist … Damit hatte ich nicht gerechnet … Genau das hatte ich verhindern wollen … Aber dann dachte ich, das machst du kein zweites Mal. Das war wie … wie eine Taufe … Eine Selbsttaufe … Jetzt bist du bereit, dachte ich … Wenn du das schaffst, kannst du alles schaffen. Außerdem wusste ich, dass jemand bei dir ist, jemand, der auf dich aufpasst. Die Eisnerin. Maik …«

»Maik ist ein Idiot.«

»… Deshalb habe ich den Kalender aus dem Fluss gezogen und repariert. Ich wollte, dass du das zu Ende bringst, was du angefangen hast.«

»Das war doch deine Idee. Du hast doch damit angefangen.«

»Wir beide.« Der Vater nickte. »Aber du hast es zu Ende gebracht.«

»Und Sonja.«

»Ja. Sonja auch.«

Abends in der Kirche flüsterte Dr. Ingenschmidt Jonas zu, dass er sich das lange überlegt habe und dass es jetzt mal Zeit für ein Solo sei. Als es so weit war, schob er Jonas oben auf der Empore an die Balustrade, und Jonas sang *Stille Nacht, heilige Nacht,* ohne den Text zu verändern, und alle Ravenhagener hörten ihm zu: Bürgermeister Burma und Kommissarin Hellborg in der ersten Reihe, hinter ihnen Winkelkraut, der Optiker, dessen Brille so dick war, dass seine Augen das Glas vollständig ausfüllten, Doktor Gumbrecht, der, den Kittel überm Arm, direkt von einem Termin hergeeilt sein musste, und dahinter die Ohlenforsts, im Haar Tannennadeln, Schlachter Herrenschräge mit seinem großen Bauch, die Nadschuras, die auf der Bank hin und her rutschten, als wollten sie aufstehen und zu jedem Lied tanzen, Smolinski, der blinde Spieler, Frau Menger-Ratsch in ihrem festlichsten Kleid, Herr und Frau Niederstrasser, vom Modegeschäft *Niederstrasser,* weit entfernt von ihrem Sohn, Hildegard von Kleef, die an ihren Handgelenken roch, als spürte sie ihrem eigenen Duft nach, Herr Hönerlage, der immer wieder auf Jonas zeigte, als hätte er von Anfang an gewusst, dass aus ihm mal etwas werden würde, die »Eisenmeyers«, die Besenthals, Herr Semrock und Frau Krawinkel, beständig nickend, als wollten sie damit ihren Anteil am Erfolg des Jungen demonstrieren, Herr Siemsglüß, an seiner Fliege zupfend, Herr Brombacher mit einem Blick auf seine Taschenuhr, Herr Kleineidam, den Kopf von Puderzucker bestäubt, Herr Fahrenholz, der ihn musterte, als hätte er ihm immer noch nicht verziehen, dass er ihn über den Tisch gezogen hatte, Kito Niederstrasser, ausnahmsweise – zur Feier des Tages – mit Schuhen an den Füßen, die er in den Gang hinausstreckte, und Herr Horvath mit einem Stich im Gesicht, ein roter Punkt auf der Stirn, glühend wie ein Brandmal. Sogar Maik Mirscheidt war still und ruhig und gähnte nicht. Sonja winkte Jonas zu, der Vater hob eine Hand und streckte den Daumen raus. Und Frau Rottenkolber – Marianne –, die in einer Reihe neben Sonja und dem Vater saß, lächelte ihn an und hatte, noch während er sang, die Hände erhoben, um als Erste klatschen zu können.

Epilog – Geschenk für den Erzfeind

Gut elf Monate später, die Ereignisse des Vorjahres waren schon verblasst, wurde Jonas von einer Stimme geweckt. Jemand rief seinen Namen, aber als er Licht machte und sich im Zimmer umsah, konnte er niemanden erkennen. Der Geruch frischen Kaffees stieg ihm in die Nase. Und da kam die Erinnerung zurück. Oppermann! Das ganze Jahr über hatte er sich nicht blicken lassen, jetzt stand er mit Pudelmütze, Schlafanzug, Bademantel und Gummischlappen, die Kaffeetasse in der Hand, oben auf dem Schrank vor dem Adventskalender. »Aha, ist der Herr endlich aufgestanden? Ja? Na wunderbar. Dann kann's ja losgehen.«

Jonas stieg auf einen Stuhl, um mit ihm auf Augenhöhe zu sein. »Sie sehen so anders aus.«

»So? Wie denn?«

»So erholt.«

Oppermann straffte seinen Körper. »Ich hab ja auch endlich mal ausgeschlafen.« Wie zum Beweis gähnte er so ausgiebig, dass Jonas tief in seinen winzigen Rachen schauen konnte. »Und ich hab mich, bevor ich nicht mehr dazu komme, mal wieder rasiert.« Als er das sagte, strich er sich übers Kinn und betrachtete hinterher seine Hand, als könnte er es selbst nicht glauben, wie glatt die Haut ohne Haare war.

»Morgen fängt also alles von vorne an.« Jonas sah ihn mit großen Augen an. »Morgen geht's wieder los.«

Oppermann nickte. »Aber nicht für Sie.« Und weil Jonas seine Enttäuschung darüber anzusehen war, fügte er hinzu: »Ja, Menschenskind, hat Ihnen das denn keiner gesagt?« Oppermann schüttelte den Kopf. »Um alles muss man sich selbst kümmern. Sie müssen den Kalender doch weitergeben!«

»An wen?«

»An denjenigen, den Sie den im letzten Jahr am wenigsten gegönnt haben.« Oppermann wies auf die geschlossenen Türchen neben sich. »Kalenderordnung, Paragraf dreitausendvierhundertzwölf, Absatz eins.«

Jonas betrachtete die Abbildungen, verwundert, dass es neue waren, und dachte, weil die erste ein Eichhörnchen darstellte, an Maik Mirscheidt und daran, dass der ihn seit Monaten in Ruhe ließ, seit Weihnachten.

»Na?« Oppermann führte seine Tasse zum Mund und nahm einen Schluck. »Haben wir's endlich? Mein Kaffee wird langsam kalt.«

»Ich glaube schon«, sagte Jonas.

Und Oppermann sagte: »Na, dann kann ich ja jetzt wieder an die Arbeit gehen.« Seine Schlappen schlappten über den Schrank, bis er das erste Türchen öffnete, hinter sich zuzog und im Kalender verschwand.

Als Jonas den Kasten zusammenklappte und vom Schrank hob, sagte er: »Tschüss, Herr Oppermann.« Aber der kleine Mann im Bademantel gab keine Antwort mehr.

»Jonas!« Er hörte seinen Namen von unten durchs ganze Haus hallen. »Frühstück!« Marianne machte morgens immer ihre Runde, von Sonja zu Jonas und zurück. Mit einigen ihrer Truhen und Schränke war sie in das leere Zimmer zwischen ihnen eingezogen. Manchmal musste sie zweimal bei jedem vorbeischauen, um sicherzugehen, dass sie wach waren oder endlich aufstanden. Manchmal reichte es, wenn sie, so wie heute, ihre Namen rief.

»Ich komm gleich«, rief Jonas durch die geschlossene Tür. Dann ging er ins Bad, zog sich an, verstaute den Kalender im Ranzen und stieg die Treppe hinab. Der Vater, Sonja und

Marianne saßen schon in der Küche am Tisch, vor ihnen eine Tasse Tee oder ein Glas Milch und ein Teller mit einem Stutenkerl.

Auf dem Schulweg sprach Sonja von nichts anderem als von der Adventszeit, davon, dass sie in diesem Jahr den Kalender bekommen und Rätsel lösen werde. Aber als Jonas ihr offenbarte, dass er den Kalender jemand anderem schenken werde, brach sie in Tränen aus und sagte das, was sie schon vor einem Jahr gesagt hatte, dass das gemein sei – und dass sich nichts geändert habe. »Du teilst immer noch nicht mit mir.«

»Doch«, sagte er. »Das tue ich. Aber das hier war nicht meine Entscheidung. Sondern Oppermanns.«

»Den gibt's doch gar nicht.«

»Doch, den gibt es.«

»Gar nicht.«

»Den gibt es. Genauso viel und genauso wenig, wie es sprechende Hunde gibt.«

»Fufu.« Bei dem Namen hellten sich Sonjas Gesichtszüge auf, und sie wischte sich die Tränen aus dem Gesicht.

»Papa hat bestimmt einen eigenen Kalender für dich. Und für mich auch. Für jeden von uns.«

»Meinst du wirklich?«

»Ganz bestimmt.«

Schweigend gingen sie weiter. Vor der Schule hob Sonja die Hand, bog nach rechts ab, zum Haupteingang, und Jonas nach links, zur Turnhalle. Er hoffte, dort Maik Mirscheidt zu begegnen.

Und tatsächlich: Kaugummi kauend wartete er am Fahrradstand auf die Erstklässler. »Na, Rotbacke, was willst du denn?«

»Ich hab ein Geschenk für dich.«

»Ein Geschenk?«

Jonas nickte.

»Für mich?«

Jonas zog den Kalender aus dem Ranzen. »Den wolltest du doch immer schon haben.«

»Kann schon sein«, sagte Maik Mirscheidt betont gelangweilt und klappte den Kasten auf.

»Na, jetzt hast du ihn«, sagte Jonas und ging an ihm vorbei zur Turnhalle.

»Hey, Rotbacke«, rief Maik Mirscheidt ihm nach. »Falls du versuchen solltest, mir den abzujagen: Vergiss es!«

»Hab ich nicht vor«, sagte Jonas. »Aber vielleicht jemand anderes.«

Zitatnachweis

Seite 16: »Riesen sind alle Kanniballer … richtige Totmacher«, aus: Roald Dahl, *Sophiechen und der Riese,* aus dem Englischen von Adam Quidam, Rowohlt, Reinbek 1984.

Seite 188: »Komm gleich einmal hierher zu dem Backofen …«, aus: Brüder Grimm, »Hänsel und Gretel«, in: dies., *Kinder- und Hausmärchen,* Realschulbuchhandlung, Berlin 1812.

Dank an

Rufus Beck, Jeannette Bohné, Fredrik Bond, Heiko Brandt, Hanna Dürholt, Julia Eichhorn, Franziska Fischer, Martin und Franka Freier, Arianna Giese, Karin Graf, Birgit Haermeyer, Line Hoven, Natalie Kröger, Bernadette Kuckenberg, Lena Landsberger, Dennis May, Rainer, Jessica und Leenert Nehuis, Wilhelm Neusser, Max Pross, Karsten Ruddigkeit, Elke und Julian Schöne, Amonte Schröder-Jürss, Bernd Steinmeyer, Kerstin Thorwarth, Angela Tsakiris, Stefanie de Velasco, Ina de Vries sowie an Adam & Eve DDB London, DDB Hamburg und Telekom Deutschland.

Der vorliegende Text ist aus einer Auftragsarbeit für Adam & Eve DDB London, DDB Hamburg und die Deutsche Telekom hervorgegangen: auf Basis eines TV-Skriptes die Geschichte eines Jungen, der nicht teilen will und einen magischen Adventskalender findet, zu einem Online-Hörbuch weiterzuentwickeln – als Teil der Telekom-Weihnachtskampagne »Das Leben schenkt uns mehr, wenn wir teilen«. Die von Regisseur Fredrik Bond gedrehten Spots wurden in der Adventsszeit 2016 im Fernsehen ausgestrahlt und ins Internet gestellt. Das Hörbuch wurde von Rufus Beck eingelesen und unter Pseudonym Tag für Tag auf der interaktiven Website *www.der-magische-adventskalender.de* veröffentlicht. Damals war es noch nicht meine Geschichte. Ich hatte nicht die absolute Freiheit. Es musste erst zu meiner Geschichte werden. Es ist zu meiner Geschichte geworden.

Jan Brandt

Von Jan Brandt sind bei DuMont außerdem erschienen:

Gegen die Welt
Tod in Turin
Stadt ohne Engel
Ein Haus auf dem Land/Eine Wohnung in der Stadt

September 2019
DuMont Buchverlag, Köln
Alle Rechte vorbehalten
© 2018 DuMont Buchverlag, Köln
Gesetzt aus der Adobe Caslon
Druck und Verarbeitung: CPI books GmbH, Leck
Gedruckt auf säurefreiem und chlorfrei gebleichtem Papier
Printed in Germany
ISBN 978-3-8321-6510-9
www.dumont-buchverlag.de